CAHIERS

▶ n° 157 / 2ᵉ trimestre 2019

PHILOSOPHIQUES

CAHIERS PHILOSOPHIQUES
est une publication de la Librairie Philosophique J. Vrin
6, place de la Sorbonne
75005 Paris
www.vrin.fr
contact@vrin.fr

Directeur de la publication
DENIS ARNAUD

Rédactrice en chef
NATHALIE CHOUCHAN

Comité scientifique
BARBARA CASSIN
ANNE FAGOT-LARGEAULT
FRANCINE MARKOVITS
PIERRE-FRANÇOIS MOREAU
JEAN-LOUIS POIRIER

Comité de rédaction
ALIÈNOR BERTRAND
LAURE BORDONABA
MICHEL BOURDEAU
JEAN-MARIE CHEVALIER
MICHÈLE COHEN-HALIMI
BARBARA DE NEGRONI
STÉPHANE MARCHAND

Sites internet
www.vrin.fr/cahiersphilosophiques.htm
http://cahiersphilosophiques.hypotheses.org
www.cairn.info/revue-cahiers-philosophiques.htm

Suivi éditorial
MARGOT HOLVOET

Abonnements
FRÉDÉRIC MENDES
Tél. : 01 43 54 03 47 – Fax : 01 43 54 48 18
fmendes@vrin.fr

Vente aux libraires
Tél. : 01 43 54 03 10
comptoir@vrin.fr

La revue reçoit et examine tous les articles, y compris ceux qui sont sans lien avec les thèmes retenus pour les dossiers. Ils peuvent être adressés à : cahiersphilosophiques@vrin.fr. Le calibrage d'un article est de 45 000 caractères, précédé d'un résumé de 700 caractères, espaces comprises.

ISSN 0241-2799
ISSN numérique : 2264-2641
ISBN 978-2-7116-6009-4
Dépôt légal : juin 2019
© Librairie Philosophique J. Vrin, 2019

SOMMAIRE

■ ÉDITORIAL

■ DOSSIER
LE PAYSAGE

9   **Le paysage du *Grand Tour*,
du pittoresque au sublime**
Henri Commetti

27   **La transgression paysagère**
Justine Balibar

41   **Manet, marin, marines**
Stéphane Guégan

53   **Le temps du paysage : la représentation
de la nature dans l'œuvre de Poussin**
Barbara de Negroni

■ ÉTUDES

67   **La Mettrie en miroir**
Blanca Missé

83   **Le couple *aptus-praestantia*
dans l'*Éthique* de Spinoza**
Vincent Legeay

■ LES INTROUVABLES DES CAHIERS

97   **Les paysages composés chez Poussin :
académisme et classicisme**
Pierre Francastel. Présentation de Barbara de Negroni

■ SITUATIONS

109   **Le métier de paysagiste**
Entretien avec Louis Benech

ÉDITORIAL

Pierre Francastel, dans une communication consacrée aux « paysages composés » chez Poussin, s'intéresse à la mutation picturale profonde que constitue l'apparition tardive de ces paysages dans l'œuvre du peintre[1]. L'horizon de la peinture d'histoire ne disparaît pas tout à fait mais elle est réinvestie d'une tout autre manière : dans ces toiles, l'homme cesse d'être « le simple agent d'une conception oratoire de l'histoire et de la destinée », il est désormais immédiatement confronté avec la nature. Le peintre se dégage lui aussi de la soumission ancienne à l'orateur et se fait l'« interprète *direct* du devenir des civilisations »[2].

L'essentiel n'est pas que Poussin bouscule la hiérarchie des valeurs de son époque qui voit dans le paysage un genre pictural bien inférieur à la peinture d'histoire. Quoique Poussin ne soit pas paysagiste en un sens réaliste dans la mesure où il ne peint jamais d'après nature et ne restitue pas ce qu'il voit, il confère néanmoins progressivement au paysage une place et une fonction nouvelles dans ses toiles. Celui-ci cesse d'être un fond destiné à mettre en valeur des formes comme il pouvait l'être dans certaines œuvres antérieures telle l'*Enfance de Jupiter*[3]. Il devient l'élément qui unifie et structure les différents moments du tableau. Le paysage n'a rien de statique, il a une temporalité propre et raconte, sous une forme picturale nouvelle, une histoire à la portée universelle[4].

Diderot, dans le *Salon de 1767* commente ainsi quelques tableaux de Poussin : « Voilà les scènes qu'il faut savoir imaginer quand on se mêle d'être paysagiste. C'est à l'aide de ces fictions qu'une scène champêtre devient autant et plus intéressante qu'un fait historique. On y voit le charme de la nature, avec les incidents les plus doux, ou les plus terribles de la vie »[5]. Diderot souligne bien l'équivoque qui entoure le terme « paysagiste » et par là même celui de « paysage ». Être paysagiste ne se limite pas à représenter un certain lieu naturel ainsi élevé à la dignité de « paysage ». La fiction, l'imaginaire et la vision y ont une place déterminante.

Les réflexions de Francastel offrent un condensé des questions qui se posent lorsqu'on cherche à cerner ce qu'est un paysage, son lieu, ce qui lui donne forme, le rend visible et accessible à une expérience esthétique.

■ 1. *Cf.* P. Francastel, « Les paysages composés chez Poussin : académisme et classicisme », *infra*, p. 99.
■ 2. Nous soulignons.
■ 3. P. Francastel, « Les paysages composés chez Poussin : académisme et classicisme », *infra*, p. 103.
■ 4. *Cf.* B. de Negroni, « Le temps du paysage : la représentation de la nature chez Poussin », *infra*, p. 53-66.
■ 5. *Ibid.*, cité par B. de Negroni, *infra*, p. 60.

À quelles conditions voit-on un paysage ? Quelle part reviennent à la médiation littéraire et à la médiation picturale dans une telle vision ? Le paysage n'existe-t-il qu'à être décrit ou peint ? Quelle part revient alors à l'expérience corporelle de la marche au cours de laquelle seuls certains lieux singuliers se découvrent comme paysages ? Entre nature et artifice, expérience visuelle directe et projections imaginaires issues de la culture humaniste, entre pittoresque et sublime, plusieurs hypothèses doivent être considérées qui soulignent la richesse et la complexité de la notion et l'impossibilité d'y associer un référent unique.

Ainsi, le *Grand Tour*, ce voyage qui, à partir du XVIIIᵉ siècle, fixe pour l'aristocratie britannique l'idéal de l'homme cultivé valorise un certain regard sur la géographie du monde, ces lieux qu'il importe d'avoir vus[6]. Cette injonction au voyage se laisse interpréter de plusieurs manières qui donnent un aperçu des incertitudes associées à la notion de paysage. S'agit-il de découvrir le monde extérieur ou au contraire d'entretenir une vie de l'imagination nourrie par des images intérieures ? Le paysage est-il une fenêtre ouverte sur le monde ou l'écran de projection des phantasmes issus de la lecture de grands textes antiques, nourriture de tout esprit cultivé ? Le paysage n'existe alors que dans un rapport à la littérature. On voit, on reconnaît ce que l'on a lu. Le voyage en Italie, patrie de arts, où tout homme de culture doit parfaire son éducation se fait au prisme de l'imaginaire arcadien qui s'impose au peintre comme au voyageur. « Presque à chaque pas – écrit Madame de Staël – la poésie et l'histoire viennent se retracer à l'esprit, et les sites charmants qui les rappellent adoucissent tout ce qu'il y a de mélancolique dans le passé et semblent lui conserver une jeunesse éternelle »[7].

Les discussions sur le statut du « pittoresque » qui débutent à la fin du XVIIIᵉ siècle croisent la question de la caractérisation du paysage. Le pittoresque consiste d'abord dans la délimitation d'un site naturel « qui mérite d'être peint ». Dans divers ouvrages et en particulier dans ses *Observations on the river Wye*, W. Gilpin met en valeur le paysage vernaculaire et insiste sur la « variété infinie » du pittoresque qui se recherche « dans toutes les parties d'un paysage, arbres, rochers, terrasses brisées, bois, rivières, lacs, vallées, montagnes, lointains »[8].

Cela peut inciter à appréhender le *pittoresque* comme un problème de théorie esthétique : soit, c'est la nature elle-même qui est comme en attente du peintre, c'est elle qui fait tableau dès lors que s'y dégagent les plans nécessaires à une peinture de paysage ; soit, la nature invite à une jouissance esthétique qui excède tout ce que la peinture pourrait atteindre.

Mais on peut aussi considérer que le pittoresque, « mot indéfini et contradictoire » permet de donner une existence à une expérience difficile à saisir, celle de « glissements entre la peinture et la nature », d'interférences entre la « contemplation du dessin ou de la peinture » et la découverte de la campagne »[9]. Le pittoresque pourrait bien être considéré comme une

---

6. *Cf.* H. Commetti, « Le paysage du *Grand Tour*, du pittoresque au sublime », *infra*, p. 9.
7. Madame de Staël, *Corinne ou l'Italie*, cité par H. Commetti, *infra*, p. 10.
8. W. Gilpin, *Observations on the River Wye*, cité par H. Commetti, *infra*, p. 15.
9. *Cf.* J. Balibar, « La transgression paysagère », *infra*, p. 38.

authentique *attitude,* partie prenante d'un mouvement culturel d'ensemble ; ce sont alors différents arts et pratiques – peinture, littérature, jardinage, promenade, voyage…– qui se combinent dans un « unique art du paysage »[10] qui inclut jusqu'à la fabrication artificielle d'un paysage[11]. Cette fabrication suppose de mobiliser une multiplicité de paramètres, depuis la connaissance de la variété des propriétés des végétaux jusqu'à des paramètres géométriques et optiques, en passant par la sensibilité à l'histoire d'un lieu. On échappe alors à l'hypothèse qui attribue à la peinture de la Renaissance l'invention même du paysage.

Qu'est-ce peindre un paysage ? Que peint-on lorsqu'on le fait ? Est-il même souhaitable de chercher à donner une réponse unique à cette question ? Peindre un paysage ne consiste certes jamais en une simple reproduction à partir d'un relevé visuel. Et quelle que soit la fonction, plus ou moins codifiée d'un paysage dans une toile, la relation à la nature s'y fait sentir sous diverses aspects, par le rapport aux éléments, aux matières, aux lignes, aux reliefs… « Ni les peintres du Nord ni les peintres italiens n'ont inventé de toutes pièces leurs paysages : ils les ont d'abord vus et parcourus »[12].

Dans des propos évoquant ses années de voyage, Edouard Manet alors engagé dans la marine et apprenti peintre écrit : « Ce n'est pas à l'école que j'ai appris à construire un tableau […] Mais j'ai appris beaucoup durant mon voyage au Brésil. Combien de nuits j'ai passées à regarder, dans le sillage du navire, les jeux d'ombre et de lumière ! Pendant le jour, du pont supérieur, je ne quittais pas des yeux la ligne d'horizon. Voilà ce qui m'a révélé la façon d'établir un ciel »[13]. Dans la quarantaine de « marines » qu'il a réalisées, Manet s'est efforcé de renouveler ce genre « en le débarrassant de ses facilités narratives »[14]. Ainsi, dans *Le combat du Kearsarge et de l'Alabama,* toile de 1864, Manet dramatise et donne le rôle principal à l'élément marin saisi dans un vert émeraude et décentre le combat naval au second plan. S'inscrivant dans la lignée des marines de Vernet que Diderot commente et dont il fait l'éloge, Manet pourrait à l'évidence satisfaire à l'idéal du *paysagiste* défini par l'auteur du *Salon de 1767.*

Si, comme l'écrit Francastel, « les très beaux Poussins annoncent les beaux Cézannes », c'est du fait de la « fusion intime de la vision dessinée, analytique, et de la vision sensible, colorée qui exclut toute distinction entre l'univers des formes et l'univers des couleurs et des lumières »[15].

Le paysage n'existe ici que par une primauté de la vision sur la conception au service de laquelle le peintre invente des moyens plastiques propres à la rendre visible. Le paysage s'inscrit dans un ordre figuratif et non représentatif, simultanément visuel et imaginaire. Ce qui contribue sans doute à faire de Poussin « le plus moderne des peintres de son temps » mais aussi à renforcer l'inquiétude quant à la distinction même du représentatif et du figuratif. Car

---

■ 10. *Ibid.,* p. 38.
■ 11. *Cf.* « Le métier de paysagiste. Entretien avec Louis Benech », *infra,* p. 109-119.
■ 12. P. Joutard, *L'invention du Mont-Blanc,* cité par J. Balibar, *infra,* p. 29.
■ 13. Propos rapportés par Charles Toché, cités par S. Guégan, « Manet, marin, marines », *infra,* p. 45.
■ 14. *Ibid.,* p. 46.
■ 15. *Cf.* P. Francastel, « Les paysages composés chez Poussin : académisme et classicisme », *infra,* p. 104.

il est un point d'abstraction vers lequel tend le paysage et à partir duquel il peut continuer à exister comme tel sous la forme d'un objet visuel et esthétique. Les toiles ne représentent plus des paysages, elles deviennent en elles-mêmes paysages.

Nathalie Chouchan

DOSSIER

Le paysage

LE PAYSAGE DU *GRAND TOUR*, DU PITTORESQUE AU SUBLIME

Henri Commetti

Le *Grand Tour* qui fixera pour toute l'aristocratie britannique l'idéal de l'homme de culture ouvre le regard sur la géographie du monde. L'analyse de l'éducation esthétique dont il est le support révèle bien autre chose : non la découverte d'une extériorité, mais l'entretien d'une vie de l'imagination nourrie des images intérieures de l'esprit. Le « paysage » du *Grand Tour* fournit ainsi une nouvelle occasion de revenir sur les incertitudes qui en entourent la notion, là-même où il paraîtrait frappé d'évidence.

> « Though grandeur consists in simplicity it must take some form of landscape *otherwise it is a shapeless waste* »
>
> W. Gilpin, *Observation on the River Wye*, § 6

« Peinture de paysage » ou « tableau d'imagination »? « Paysage »? Mais quel paysage? Un cadre comme une fenêtre ou une toile comme écran de projection d'un phantasme issu des associations d'idées qui animent l'esprit cultivé? L'œil qui regarde le paysage et y trouve une satisfaction esthétique plonge-t-il dans l'extériorité d'un monde pour y chercher « des impressions sensibles, qu'aucun livre, aucun dessin ne procure », comme le notait Goethe en Septembre 1786 dans son *Voyage d'Italie*? Ou ne voit-il que le reflet de ses propres représentations par lesquelles la pensée dépasse ce qu'elle a sous les yeux pour atteindre ce qu'elle ne peut contempler qu'en elle? La valeur centrale accordée au paysage au cours du XVIIIᵉ siècle semble osciller entre une esthétique littéraire dans laquelle les images de la peinture réveillent des réminiscences poétiques et une esthétique du sentiment où les mouvements qui animent la nature se présentent comme un tableau de la nature sensible de l'âme. Mais à aucun moment le tableau ne semble constituer une porte d'entrée dans le paysage réel : la nature n'y est jamais présente que comme Idée.

Un rêve d'Arcadie

On a pu dater les premiers croquis de paysage *in situ* des dessins issus du voyage en Italie de Dürer en 1494. Mais, ce n'est là qu'un des moments de cette longue histoire qui, pour une grande partie de l'art européen, lie le paysage à cet *itinirarium mentis in artes* qui verra dans l'Italie cette patrie des arts où tout homme de culture doit parfaire son éducation. Les tableaux appelés « *paisage* » – « ce mot commun entre les peintres » note Estienne dans l'édition de 1539 de son dictionnaire[1]– resteront longtemps des tableaux d'histoire attachés à l'imaginaire arcadien. Ainsi Félibien note-il dans ses *Principes* de 1676 combien les personnages sont constitutifs du genre[2] et Du Bos dans ses *Réflexions critiques sur la peinture et la poésie* n'imagine pas un paysage sans ses figures poétiques[3]. Paysage, emblèmes, *locii imaginarii*, monde de l'image et monde du texte s'entremêlent. Sous le régime de l'*ut pictura poesis*, la théorie renaissance de l'art, liant vénusté et *latinitas*[4], avait assuré, à travers le *topos* virgilien, la primauté historique du paysage du Latium comme paysage idéal de l'art. Quand, dans son *Minerva Britannica* – alors que la vogue du paysage flamand se développe en Angleterre et qu'il rédige avec son *Graphice or the gentleman exercice* les premiers conseils dans l'art du dessin paysager – Peachman propose un « paysage anglais », il reste prisonnier des *ars memoriae*. Son *rura mihi et silentium* s'identifie au prototype du bucolique[5]. C'est encore un vers de Virgile que notera Goethe devant le spectacle du lac de Garde dans son *Journal d'Italie* dans le *hic et nunc* d'une image-perception[6]. Le « paysage » constitue une structure figurative inhérente à un imaginaire lettré dont les lieux, attachés à une toponymie historiquement fondée, autorise les associations entre présent raconté et récits littéraires de l'Antique, système de textes et visualisations iconographiques, permettant ainsi à la peinture de participer aux jeux de la mémoire lettrée. L'Italie constitue une topique, une topologie fictive, où les images de l'art trouvent une terre d'accueil ; un circuit d'images où, comme l'écrit Mme de Staël « presque à chaque pas, la poésie et l'histoire viennent se retracer à l'esprit, et les sites charmants qui les rappellent adoucissent tout ce qu'il y a de mélancolique dans le passé et semblent lui conserver une jeunesse éternelle »[7]. La littérature prime alors sur le monde de la peinture. Le rêve d'art qu'entretient cette dernière dans les grands paysages de Poussin, tel le *Paysage avec Pyrame et Thisbé*, affrontement entre l'orage et le monde de

■ 1. C. Franceschi, « Du mot paysage et de ses équivalents », dans M. Collot (éd.), *Les Enjeux du paysage*, Bruxelles, Ousia, 1998.

■ 2. « Paysages. Les tableaux qui représentent la campagne, et où les figures ne sont que comme des accessoires, s'appellent paysages, et ceux qui s'appliquent particulièrement à ce travail s'appellent Paysagistes. », A. Félibien, *Principes de peinture*, 1676.

■ 3. « Le paysage que Poussin a peint plusieurs fois et qui s'appelle communément l'Arcadie ne serait pas si vanté s'il était sans figure. », C. Du Bos, *Réflexions critiques sur la peinture et la poésie*, 1719.

■ 4. R.W. Lee, *Ut Pictura Poesis, Humanisme et théorie de la peinture. XV*ᵉ*-XVIII*ᵉ *siècles*, Paris, Macula, 1991.

■ 5. H. Peachman, *Minerva Britannia or A Garden of Heroical Devices, furnished and adorned with Emblems and Impresas of sundry nature, Newly devised, moralised and published*, London, 1612.

■ 6. « *Fluctibus et fremitu resonans, Benace, marina* (Virgile, *Géorgiques* II, 160). C'est le premier vers latin dont l'objet est vivant... Écrit sous le quarante-cinquième degré et cinquante minutes ».

■ 7. G. de Staël, *Corinne ou l'Italie*, 1807.

la couleur jusque dans l'éclair qui déchire la toile, reste circonscrit dans les catégories poétiques de la *rota virgilii.* Gray dans une de ses lettres[8] parlera encore, vers la fin du siècle, du tableau comme une manière d'« inviter l'imagination, non à croire à ses objets réellement animés, mais à vagabonder dans les fictions de la fantaisie et dans les tombeaux de la mémoire. ».

Le Grand Tour

On pourrait penser que le récit de voyage pût conduire à l'émergence d'une sensibilité paysagère qui aurait conféré au paysage une autonomie esthétique inédite. Le pays traversé suppose l'implication physique d'un sujet dont la mobilité le fait affronter une réalité qui ne se laisse plus dissoudre dans les rêveries de l'imagination. L'espace physique dégage potentiellement des panoramas et des perspectives qui rompent avec le système scénique et optique du tableau. La montagne déjouerait les anticipations inhérentes aux codes traditionnels de représentation. La nature inculte y réfuterait les images de la culture. On découvrirait alors dans le *Grand Tour* une évolution de la pensée et de la pratique du paysage et, ainsi, la pierre de touche de la naissance d'une esthétique où la peinture ne devrait plus rien à la littérature. C'est, cependant, bien autre chose que nous découvrons à la lecture de ces textes et de ces correspondances étudiées par Black dans un ouvrage consacré aux aspects aussi bien matériels qu'intellectuels du tourisme anglais du XVIIIe siècle[9].

Le *Grand Tour* est marqué par un tropisme essentiellement italien. Pour les jeunes britanniques qui franchiront la Manche tout au long du XVIIIe siècle, la traversée de l'espace y vaut comme une remontée dans le temps vers la source de l'Art. La France et les autres pays européens sont majoritairement délaissés pour descendre rapidement de Lyon vers l'Italie en passant par la Savoie et le Mont Cenis et atteindre cette *via sacra* de l'art qui, passant par Florence et Rome, mène de Gênes à Naples. À ce point d'arrivée, les vestiges récemment mis au jour d'Herculanum (1738) et de Pompéi (1748) attendent l'amateur.

Mais, le *Grand Tour* est avant tout un itinéraire citadin et une manière de parfaire par la fréquentation des salons et des cours étrangères une éducation politique aux mœurs et aux institutions continentales. On retrouve dans les correspondances une des caractéristiques de ce que note Camporesi dans *Les Belles contrées*[10] pour le XVIIe siècle : le regard panoramique est rarement esthétique, mais reste celui d'une *cognitio ocularis* qui, loin de souligner les lignes sensibles du paysage, absorbe un regard dominant dans le plan de la ville et les mouvements industrieux qui l'animent. La correspondance de Pelham, en 1776, est exemplaire de ces observations principalement attachées à la découverte des lieux de l'histoire, des contrastes multiples entre les mœurs, l'état de pauvreté ou de richesse caractérisant régimes despotiques et régimes de liberté et la différence des confessions. Si le *Grand Tour* est dans un premier moment une manière de former une élite gouvernante, la

■ 8. R. Gray, *Letters during the course of a Tour through Germany, Switzerland and Italy in the years 1791-1792*, cité par M.-M. Martinet, *Le Voyage d'Italie dans les littératures européennes*, Paris, P.U.F., 1996, p. 82.
■ 9. J. Black, *The British abroad. The Grand Tour in the Eighteenth century*, The History Press ltd, 2003.
■ 10. P. Camporesi, *Les Belles contrées*, Paris, Gallimard, 1995, p. 169.

jeune classe d'aristocrates qui parcourt l'Italie accompagnée de ses tuteurs, se transformera assez rapidement en une élite d'esthètes sollicitant dans son périple le compagnonnage des peintres pour les guider dans l'éducation de leur goût, garder la trace des lieux, copier des œuvres et, ce qui n'est pas à négliger pour mesurer l'impact d'une histoire du marché de l'art italien sur les conceptions esthétiques dominantes, les conseiller dans la constitution de collections. Les aquarelles de Pars qui suivit Henry, vicomte de Palmerston, furent, en 1771, les premières vues alpines à être exposées à l'Académie Royale à Londres.

Le « paysage italien » qu'ils ramèneront en Angleterre, jusqu'à le produire comme jardin d'art, peut difficilement être considéré comme une géographie du réel. Il procure la possibilité d'un recentrement de l'imaginaire en un lieu possible et autorise une régression spatiale dans le temps. Le rêve d'art comme rêve de l'antique y retrouve une patrie où le paysage de ruines fonctionne dans une rhétorique de l'écart qui met en contraste l'antique et le contemporain à travers les jeux subtils de l'imagination et de la mémoire. Dans la littérature privée comme dans les ouvrages publiés, le « paysage », en tant que site doté de propriétés esthétiques autonomes, ne pénètre que rarement un texte qui ne se livre au défi de l'*ekphrasis* que pour y intégrer un discours sur l'art. La vue se libère difficilement du tableau et de la mémoire poétique. Et, ceci vaut pour le monde littéraire anglais, comme pour les autres cultures. Steele[11] et Addison dans leurs articles de *The Spectator* comparent encore le « visage naturel du pays avec les paysages que les anciens poètes nous en ont donnés »[12]. Le président de Brosses[13] et Montesquieu pensent dans les *topoi* du retour à la source de l'art. La plupart ne voient jamais que sous le jour de ce qu'ils ont lu : ainsi, pour Montesquieu, les lettres de Guez de Balzac ou les références constantes du journal de Goethe aux *Historische Kritische Nachrichten von Italien* (Leipzig, 1770 – 1771) de Volkman[14]. Beaucoup, sinon la plupart, des descriptions des récits restent *ad hoc* et constituent de simples recollections ou paraphrases de « guides ». Sterne ironisera dans son *Voyage sentimental* publié en 1768[15] sur les subterfuges inauthentiques de ces « correspondants » qui tels Gray ou Smollett[16] prétendent écrire sur le vif du motif. Le voyage d'Italie consacre les villes comme lieux authentiques de l'art ; son voyageur à lui s'arrêtera dans les Alpes – en dépit de ce qu'annonçait le titre. Mais, c'est qu'en 1763, le paysage « réel », avec le poème de Keates, *The Alps*, s'était substitué à l'Italie comme espace de l'art. Si au départ, à aucun moment, le regard n'avait buté sur le mur sublime des Alpes, dans la seconde moitié du siècle, ces dernières commenceront progressivement à susciter l'intérêt à travers le glissement progressif des plaisirs de la mémoire à ceux de l'imagination. Le paysage se découvre, dès lors, dans une communauté de nature entre la nature elle-même et la nature de l'âme. Tout y est mouvement, liaison et vie.

■ 11. R. Steele, *The Spectator* 364, 28 avril 1712.
■ 12. J. Addison, *Remarks on several parts of Italy, &c. in the years 1701, 1702, 1703*, London, 1704.
■ 13. C. de Brosses, *Lettres familières écrites d'Italie en 1739 et 1740*, Paris, Édition d'Aujourd'hui, 1976.
■ 14. R. Michéa, *Le Voyage en Italie de Goethe*, Paris, Aubier, 1960.
■ 15. L. Sterne, *A Sentimental Journey through France and Italy*, 1768.
■ 16. T. Smollett, *Travels Through France and Italy*, 1766.

Pictorialisme et pittoresque

Le *Grand Tour* qui atteint son point culminant au XVIIIe siècle procédait initialement de l'hégémonie du modèle latin comme forme générale de la culture et de la reviviscence de la tradition pastorale animée par les poètes « augustéens » réunis autour de Pope. C'est ainsi que Repton, à la fin du siècle, rapportera encore le plaisir éveillé par le paysage à celui de « personnes ayant l'habitude de regarder des tableaux et d'en recevoir du plaisir, [qui] prendront naturellement plaisir à regarder dans la nature les objets qui ont suscité ces facultés d'imitation »[17]. La description paysagère est sans cesse contaminée par un vocabulaire emprunté de l'esthétique picturale : le « théâtre », le « prospect », etc. chez Addison ou dans le *Diary* de Evelyn, par exemple. Comme en témoigne *A guide to the lakes* (1778) de West qui conseille d'utiliser des « *landscape mirrors* » (les fameux *Claude's glass*) de différentes teintes, tailles et convexité, le voyageur n'aborde l'extériorité de son espace de déplacement qu'accompagné d'instruments optiques pour en faire varier les apparences et les produire en une multiplicité de *vedute* qui en découvrent les potentialités pittoresques. Lorrain, Poussin, Rosa sont les instituteurs et les guides de ces contrées parcourues en quête de « paysages »[18]. La version de 1744 des *Seasons* de Thompson, qui suit son voyage en Italie de 1730-1731 y ajoute nombre de *prospect poems* qui restent sous l'influence prépondérante du *locus amoenus* virgilien et du paysage pictural[19].

C'est cependant à l'intérieur du contexte spécifiquement britannique qu'émergera un « tourisme paysager » propre à en fixer, autour de la notion du *pittoresque*, le vocabulaire esthétique. Si le terme même apparaît pour la première fois dans les lettres françaises[20] au sens de « quelque chose de propre ou spécifique d'une peinture », ce n'est que dans le contexte de la littérature anglaise de voyage qu'il finira, avec l'*Essay on the Picturesque* de Price en 1794[21], par être frappé d'une majuscule. Mais, la naissance de cette catégorie résume à elle seule cette indécision de l'expérience esthétique du paysage entre mémoire lettrée et *pictorialisme*[22]. La notion de paysage connaîtra alors une inflexion significative sous l'impulsion de la découverte du paysage vernaculaire anglais imprimée dans la seconde moitié du siècle par le développement d'un nationalisme britannique et d'un *revival* médiéval et gothique. Aux figures idéalisées du palladianisme, seront substituées celles historisantes de l'abbaye, du château en ruines, de la tour, etc. Un nouveau registre esthétique et un nouveau répertoire artistique s'élaborent ainsi avec les circuits de la vallée de la Wye, du nord de Galles, des lacs du Nord-Ouest

■ 17. H. Repton, *Sketching and Hints in landscape gardening*, 1794, § 24.
■ 18. M. Andrews, *The Search for the Picturesque Landscape*, Aldershot, Scholar Press, 1989, p. 3.
■ 19. « Sometimes the Pencil, in cool airy Halls / Bade the gay Bloom of Vernal Landkips rife, / Or Autumn's varied Shades imbrown the Walls : / Now the black Tempest strikes the astonish'd Eyes ; / Now down the Steep the slashing Torrent flies ; / The trembling Sun now plays o'er Ocean blue, / And now rude Mountains frown amid the Skies ; / Whate'er *Lorrain* light-touch'd with sostening Hue, / Or savage *Rosa* dash'd, or learned *Poussin* drew. », J. Thompson, *The Castle of indolence*, Chant I 38, 1748.
■ 20. Abbé Dubos, *Réflexions critiques sur la poésie et sur la peinture*, 1719.
■ 21. M.-M. Martinet, *Art et Nature en Grande Bretagne au XVIIIe siècle*, Paris, Aubier, 1980.
■ 22. D. Tolle Mace, « Transformation in classical Art Theory, from poetic Composition to picturesque Composition », in *Word & Image, A Journal of Verbal/Visual Enquiry*, 1 : 1, mars 1985, p. 59-86.

anglais et des landes écossaises, ouvrant la voie à l'œuvre de Scott et à la redécouverte romantique du Moyen-Âge.

L'émergence du *pittoresque* accompagne le passage d'une théorie rhétorique propre à l'*ut pictura poesis* à une culture esthétique qui centrera la théorie des arts sur le pouvoir d'action des formes sensibles sur les mouvements de l'âme et le sentiment du moi. Addison est un des premiers à définir les concepts dans lesquels s'articulera cette nouvelle sensibilité artistique. Le paysage naturel vaut pour lui comme une *scenery*, un spectacle qui, à lui seul, suffit à provoquer ces émotions que l'art se propose de susciter. Les mouvements de l'âme, nous dit-il, sont amplifiés quand la grandeur est signifiée par le grandiose naturel et il ajoute que les raffinements de l'art gardent quelque chose d'artificiel quand les réalisations de la nature nous touchent toujours avec plus de vivacité[23]. Quand il affirme que la nature parle à l'imagination par la *grandeur*, la *nouveauté* ou la *beauté*, il transpose les catégories du poétique qui perdent tout rapport aux fonctions de la *mimèsis* : l'*émulation de l'héroïque*, l'*invention*, la *venusté*. La *nouveauté* renvoie à la diversité des formes présentes au regard (vallon, taillis, rivières, arbres et roches, etc.) ; la *beauté* à une nouvelle forme d'harmonie inhérente au sensible-même, « gaieté et variété des couleurs », expérience des tons et valeurs de la lumière, etc. ; la *grandeur* perd son lien avec le terrifiant et la douleur tragique, elle naît d'un plaisir esthétique propre lié à un infini de la nature qui submerge nos pouvoirs de représentation. C'est dans le vaste de l'espace qui s'ouvre devant les yeux, la profusion agrégative des entassements montagneux, dans les vertiges que les précipices ouvrent sous les pieds que la nature vaut pour elle-même comme objet esthétique. Le sublime naturel prend la place du tragique humain. D'une poétique on passe à une esthétique. Cependant Addison dans ses articles du *Spectator* ne va pas jusqu'à développer une théorie du sublime. Il ne retient les délices de l'effroi qu'en tant que sentiment esthétique à la limite dès lors que celui-ci doit associer mouvements de la sensation, du corps et motions de l'âme. Pour Addison, le regard doit rester dominateur, et, ce n'est jamais que lorsque le sentir est renforcé par la mémoire que le plaisir esthétique vient à son comble : le tableau de la nature reçoit alors le verdict des images de la culture. Si le regard physique est absorbé dans le site, l'œil esthétique reste éduqué par la peinture. Addison continue à ne voir les « productions de la nature » qu'au prisme de « leur ressemblance avec celles de l'art ». Les valeurs esthétiques du paysage, si elles rompent avec le paysage idéal de l'art, restent empruntées au vocabulaire de la peinture : le flou/le net ; le léger/le massif, la forme/ le tourmenté, les oppositions des plans colorées et les dégradés de la perspective atmosphérique. Le regard paysager continue, ainsi, à constituer un paragraphe de l'histoire de la peinture.

C'est encore plus clair chez Gilpin, l'avocat le plus lu du paysage vernaculaire. Les *Observations on the River Wye* (1782) sont caractéristiques de ce lien étroit qui lie naissance d'une « esthétique paysagère » – si on entend par là une esthétique du sentiment liée à ces objets « qui plaisent aux yeux dans leur

---

23. *The Spectator* 412 (25 juin 1712) dans T. Addison, *Essais de critique et d'esthétique*, Pau, Publications de l'université de Pau, 2004.

état naturel »[24] – et dissolution du paysage pictural classique. Mais la pensée reste picturaliste. Les *Observations* sont le récit d'un périple contemplatif qui mène Gilpin de la source de la Wye jusqu'à son embouchure. La navigation au cours du fleuve se substitue à la déambulation dans la galerie d'art. Chaque accident s'y présente comme un nouveau spectacle où le paysage s'offre à la vue de manière à susciter les émotions d'un tableau, « sur quelque quarante miles, nous dit Gilpin, la Wye suit son cours doucement et sans interruption, et dans sa variété, constitue le décor d'une suite de tableaux des plus pittoresques ». La courbe se substitue à l'allée perspectiviste ; les rives escarpées produisent les plans dans lesquels se distribue la variété du spectacle ; bois, rocs aux formes singulières, roches escarpées, torrents, chutes d'eau, précipices, frondaisons, arbres solitaires, etc. suffisent à peupler la scène qui se dégage ainsi sans qu'il soit nécessaire de convoquer le moindre édifice de l'art. Le *pictoresque* se « recherche dans toutes les parties d'un paysage, arbres, rochers, terrasses brisées, bois, rivières, lacs, vallées, montagnes, lointains. On trouve dans ces objets eux-mêmes une variété infinie »[25]. Apparaît ainsi l'alphabet d'une nature qui compose son texte des seuls éléments du végétal, du minéral et de l'eau. De tels pages admettent une double lecture : celle du récit d'un trajet qui ouvre vers une série de stations où la nature fait tableau dans les circonstances momentanées quand se dégagent les plans nécessaires à toute peinture de paysage ; et, celle du développement d'une sensibilité à un paysage qui se fait nature dans la perception mouvante impliquée par la lente navigation sur le fleuve et la continuité de ce qui se fait, défait, refait sous le regard de celui qui jouit ainsi esthétiquement d'une nature dépassant tout ce que la peinture pourrait proposer.

Dans le premier cas, on souligne combien l'expérience esthétique reste décrite à partir de l'ordre du tableau, plutôt qu'elle n'ouvre sur des propriétés appartenant au paysage naturel lui-même. Le *pittoresque* s'y définit comme cadrage d'un site naturel qui mérite d'être peint. Dans son essai de 1792 *Sur les voyages pittoresques et sur l'art d'esquisser les paysages*, Gilpin développe d'ailleurs un ensemble de recommandations pour le relevé de paysages qui sont comme une mise à l'épreuve de sa beauté potentielle. La nature peut paraître en attente du peintre : sont *pittoresques* ces objets « qui plaisent par quelque qualité propre à fournir un sujet avantageux à la peinture »[26]. Le *pays* traversé reste, alors, une parenthèse indifférente entre les moments statiques de présentation d'un *ready-made* esthétique. Les justifications du *pittoresque* relèvent encore du dispositif formel de la peinture : distinction et organisation des plans, terrasses ouvrant sur un panorama se prolongeant vers des lointains, équilibre des masses, perspective atmosphérique et ordre visuel des couleurs chaudes et froides distribuées selon la ligne d'horizon, formes minérales en guise de « fabriques », etc. Le plaisir esthétique demeure une affaire d'amateur d'art.

■ 24. W. Gilpin, *Essay on prints*, 1778.
■ 25. W. Gilpin, *Observations on the River Wye and several parts of south Wales, etc. relative chiefly to picturesque beauty* (1782); *Observations sur la rivière Wye*, trad. fr. sous la dir. de F. Ogée Pau, PUPPA, 2009.
■ 26. *Ibid.*

Dans le second cas, on insiste sur l'épaisseur temporelle d'un déplacement qui prépare le moment esthétique et lui permet d'accomplir la condition du *picturesque*. Le paysage constitue alors une des nombreuses formulations de l'esthétique de la variation où se lient sentiment de la nature et sentiment du moi. Dès lors le *pittoresque* rompt avec l'ordre classique d'une géométrie optique qui s'approprie le monde par la gouvernance du visible. Il naît de l'annulation de toute distance entre le sujet et le spectacle qu'il contemple et trouve sa possibilité dans la perception en mouvement d'un moi physique engagé temporellement dans l'espace. Si Price, dans l'*Essai sur le pittoresque* le définit comme occasionné par « une variété poussée jusqu'à la complexité et qui par son mystère provoque la curiosité »[27], il conviendrait mieux de parler d'une esthétique de la variation intensive des tons, des valeurs et des masses, où le regard ne peut se poursuivre que là où le corps se meut. Non plus agencement équilibré d'un plan optique, mais dynamique des formes. La variation suppose la mobilité de compositions renouvelées et, par conséquent, une temporalité où se constituent les préliminaires et la suspension nécessaire à toute attente ménageant dans l'esprit une place à l'inattendu alors que s'esquissent déjà, avant même que le miracle du paysage ne s'accomplisse dans l'instant d'un arrêt sur image, les impressions nouvelles qui y mettront fin. À la fois perception, imagination et mémoire, le *Je* ne peut plus être un simple œil. C'est pourquoi, le pittoresque est cette qualité esthétique de la nature que ne peut atteindre aucune routine de métier du peintre. La promenade y devient constitutive d'une perception esthétique qui suppose l'alternance entre monotonie d'un parcours où rien n'arrête le regard et moments d'enthousiasmes d'un point de vue qui arrête provisoirement le pas.

Mais, il ne faudrait pas voir ici les premiers moments d'une phénoménologie du paysage qui, liant profondeur de champ d'un espace physique et structure temporelle d'un parcours corporel, dissocierait définitivement le pittoresque du monde optique de la peinture. Avec le pittoresque, le plaisir esthétique ne renvoie pas encore à une expérience de la spatialité qui mobiliserait sans cesse le hors-champ de la représentation pour l'inscrire dans la temporalité d'un mouvement perceptif continu et de ressaisie unifiée d'un « moment ». Si la nature libère le sentiment esthétique, alors que dans le tableau « l'artiste est limité par son cadre » et que « l'œil ne peut plus circuler librement parmi les variétés de la nature », c'est uniquement parce que la variété et la continuité temporelle de la perception visuelle des espaces traversés nourrissent avec plus de vivacité la vie de l'imagination qui est la source unique de toute jouissance esthétique – qu'elle procède du paysage ou des images de l'art.

La vie de l'imagination

Pour Gilpin, comme pour tous les théoriciens du siècle, l'entrelacement du moi sensible et du monde ne s'opère pas ailleurs que dans les mouvements même de l'imagination où la perception se nourrit sans cesse d'anticipations et de réminiscences et où se composent, pour l'âme cultivée, les espaces et les temps, les lieux et les récits, les images de la culture et les perceptions

27. U. Price, *Essai sur le pittoresque* (1810) I, § 2.

sensibles de la nature. Ce qui se découvre dans le paysage pittoresque, ce n'est rien d'autre que cette identité de nature entre la nature extérieure perçue et la nature de l'esprit humain dans ses processus d'associations. Reynolds le dira devant l'Académie royale de peinture : « le peintre paysagiste, semblable au peintre d'histoire, conduit notre imagination dans l'antique et comme le poète il fait accorder les éléments à son sujet »[28].

Les deux lectures s'accordent donc, sitôt que le pittoresque est rapporté à une esthétique fondée sur une théorie de l'imagination. Que la perception éveille des images de l'art ou anime le parcours d'associations liant impressions, images et idées, la sensibilité esthétique reste l'affaire de l'esprit. Et si, par exemple avec Montesquieu, on insiste sur la nouveauté continuée et la variation réglée des impressions comme condition nécessaire de tout plaisir, c'est toujours pour reconnaître que « notre âme est faite pour penser »[29]. La jouissance esthétique procède d'une jouissance de l'âme pensante dans l'exercice d'association d'images qui se succèdent en elles à l'occasion de la mobilité des perceptions. La vie de l'âme reste nourrie de souvenirs, réminiscence, images, et récits de la culture. C'est pourquoi aussi, avec le pittoresque, le tableau ne saurait s'effacer devant le paysage. Le paysage, peint ou non, y demeure une image mentale dont toute la puissance esthétique dépend des processus d'associations dans l'imagination. Si la peinture produit la nature comme paysage, c'est que cette dernière ne vaut comme « paysage » que pour autant qu'elle continue à ressortir d'une théorie de l'esprit où l'image constitue le matériel constitutif de son activité. Les œuvres de Gilpin accompagneront Wordsworth dans le pays des lacs, ces lacs qui évoquent en leurs images réfléchies et instables la double figure du miroir de la peinture et de la vie des images de l'imagination.

Le « paysage » pittoresque est indissociable d'une esthétique pour laquelle la sensibilité s'inscrit dans les processus associatifs de l'imagination où se lient l'extériorité et l'intime, plutôt qu'elle ne renvoie à la seule perception *in situ*[30]. Toute la théorie esthétique de langue anglaise du XVIIIᵉ se développe dans le cadre d'une théorie de l'imagination qui rattache les émotions à ses jeux libres et spontanés de l'imagination. En vertu des lois de celle-ci, le paysage opère la fusion insensible de l'art et de la nature par les réminiscences de l'histoire nées des vestiges du passé et l'association entre perceptions et souvenirs. D'où, en passant, le goût des ruines.

C'est ce qui met le paysage au centre de la théorie esthétique. Il est ce qui montre le mieux comment les lois de l'imagination révèlent une communauté naturelle entre la nature et l'esprit selon que les émotions se combinent par addition quand elles sont semblables et coexistent, ou « se combinent en harmonie quand provenant de différents sens elles se proportionnent les unes aux autres »[31]. C'est un axiome de l'époque. À la suite de Addison, qui affirmait dès 1712 qu'« une seule circonstance de ce que nous avons vu autrefois excite souvent une source de spectacles imaginaires et réveille une infinité d'idées

■ 28. J. Reynolds, 13ᵉ Discours à l'Académie royale de peinture du 11 Décembre 1780.
■ 29. Montesquieu, *Essai sur le goût* (1757).
■ 30. M. Akenside, *Les plaisirs de l'imagination*, 1744.
■ 31. H. Kames, *Elements of criticism*, II, 1762.

qui paraissaient entravées dans l'imagination [...]. Notre imagination en est si frappée qu'elle nous conduit à l'improviste dans les villes, des théâtres, des plaines et des prairies »[32], Ackenside, dans *The pleasure of imagination* (1744) affirmera que le plaisir lié à la vue d'un paysage naît « grâce à ses chaînes ajoutées » en vertu de laquelle « l'imagination acquiert une influence redoublée sur l'esprit attentif associée et jointe à des objets extérieurs ». Price rattache le « raffinement du goût » à « cette faculté de perception cultivée »[33]. Knight, dans la seconde partie de *An analytical Enquiry into the principles of Taste* de 1808 fait des catégories esthétiques des « modes de visions » associant perception et souvenirs, etc. E. Gombrich ne s'y trompait pas quand, en vue de réfuter une conception spéculaire de l'image, il ouvrait le premier chapitre de *Art et Illusion*[34] sur l'analyse d'un paysage de J. Constable de 1816, *Wivenhoe Park*. Sous l'apparence d'un tableau de plein air, l'œuvre, dans la structure des lignes qui en équilibrent les plans et obéissent aux conditions picturales du cadre, procède d'un travail savant caractéristique du tableau d'atelier et d'une conception de la peinture qui ne se dissociait pas d'une philosophie de la nature dont elle constituait le laboratoire alors qu'il émettait les doutes les plus clairs sur la valeur artistique d'une image-reflet, telle celles qui pouvaient être plus ou moins directement dérivées d'une chambre noire.

Le sublime montagnard

Avec le voyage en Italie, la traversée des Alpes finit par acquérir un statut esthétique littéraire et pictural. Le *Grand Tour* et son passage obligé par la Savoie et les Alpes suisses, ne pouvait, dans sa quête de *pittoresque*, que rencontrer le monde de la montagne. Celui-ci fournissait une alternative évidente au paysage italien et aux images de la mémoire lettrée. Longtemps l'espace montagnard – Shama le rappelle dans *Le paysage et la mémoire*[35] – restera le lieu hostile et inculte : passage contraint, pour qui doit le traverser, où rien ne saurait intéresser l'œil et lui fait obstacle. Le carnet espagnol de 1514 de Guicciardini et le rapport de la traversée des Alpes de 1581 par Montaigne en témoignent. Par contre, il jouera pour le XVIIIe siècle un rôle prépondérant dans l'émergence d'une nouvelle esthétique pour laquelle le sentiment de la nature vient rivaliser avec la mémoire érudite. Montaigne ne voyait dans la vallée de montagne que les désagréments d'un voyage où l'escarpement montagneux fait obstacle au spectacle. Mme de Sévigné reconnut dans les précipices alpins[36] cette « horreur délicieuse » que la langue anglaise commençait à mettre à l'honneur. « *Delightful horror* » et « *terrible joy* » y désignait pour une des premières fois, et on en connaît le succès, cette émotion par laquelle la nature déborde tout ce que l'art pourrait atteindre.

Les figures antithétiques du *pagus*, de la *silva*, de la montagne inculte, mis jusque-là entre parenthèses dans le récit, deviennent les moments d'une pause esthétique qui ouvre la description célébrant une scénographie nouvelle.

32. T. Addison, *The Spectator* 477, 1712.
33. U. Price, *Essai sur le pittoresque*, II. I, §. 2.
34. E. Gombrich, *Art et Illusion*, Paris, Gallimard, 1971.
35. S. Shama, *Le Paysage et la mémoire*, « Le roc », Paris, Seuil, 1999.
36. Lettre du 3 Février 1695.

Certains sites, telle la chute du Rhin à Schaffhausen finiront, de Loutherbourg à Turner, par constituer les *topos* d'une nouvelle imagerie des peintres du *Grand Tour*[37]. De la lettre de Walpole traversant les Alpes suisses en 1739[38], jusqu'à celles de Coxe publiées en 1779 et rendues célèbres dans toute l'Europe[39] à travers la traduction commentée de Ramond de la Carbonnière, en sont fixés les archétypes : la chute d'eau, l'accident géologique, le vertige des sommets et des abymes, le chemin escarpé, le col ouvrant sur une vallée profonde, l'immensité des panoramas et des lointains, l'orage en montagne, les perspectives des vallées et toute une iconographie du tableau de paysage répondant au stéréotype lucrétien du refuge ouvert sur l'amphithéâtre d'une nature chaotique. Commencent le tourisme paysager, la randonnée pédestre à la rencontre de vues panoramiques répertoriées, la course aux sommets[40]. La profusion agrégative des entassements montagneux, les vertiges que leurs précipices ouvrent sous les pieds, la vastitude qui s'ouvre devant les yeux suffisent à faire de la nature un objet esthétique. Viendra bientôt le temps où Stendhal raillant *La Charrette de foin* de Constable proposé à l'académie, pourra écrire : « Dans les tableaux de l'ancienne école, les arbres ont du style ; ils sont élégants, mais ils manquent de vérité. M. Constable, au contraire, est vrai comme un miroir ; mais je voudrais que le miroir fût placé vis-à-vis un site magnifique, comme l'entrée du val de la Grande Chartreuse, près de Grenoble, et non vis-à-vis une charrette de foin qui traverse à gué un canal d'eau dormante »[41].

Les oppositions paraissent presque trop évidentes : passage du paysage romain au paysage alpin, passage du paysage de mémoire à un paysage du sensible, passage du paysage de culture au paysage de la nature, passage d'une esthétique virgilienne à une esthétique romantique, passage d'une esthétique du beau à une esthétique du sublime, etc. Le sublime burkéen dira cette absorption du sujet par l'objet sous l'emprise d'une nature qui le submerge : « l'esprit est alors si complètement rempli de son objet qu'il ne peut en concevoir d'autre [...]. De là vient le grand pouvoir du sublime qui, loin de résulter de nos raisonnements, les anticipe et nous entraîne avec une force irrésistible »[42]. Le paysage de montagne en réalise parfaitement les conditions : succession de lignes de crêtes se profilant vers un horizon indéfini, masse, chaos et désolation sauvage des sommets, surplomb rocheux audacieux, chute vertigineuse d'un fleuve, fracas des cascades, déchaînement des orages, vacarme des éboulements ou des avalanches, etc.

Kant, à partir de sa lecture du *Voyage dans les Alpes* de Saussure publié en 1779, y verra également les conditions perceptives d'une mise en mouvement de l'esprit où se perd l'imagination poussée au-delà d'elle-même par le déploiement indéfini d'une grandeur ou d'une force dont elle ne parvient pas à prendre la mesure et dont, alors, aucun concept quantitatif ne peut faire

■ 37. R. Wilson (1714-1782), J. R. Cozens (1752-1797), J. Wright (1734-1797).
■ 38. *Lettre à sa femme*, octobre 1739.
■ 39. *Sketches of the Natural, Political and Civil State of Switzerland*, London, 1779. La traduction date de 1781.
■ 40. J. Ruskin, *Sésame et les Lys* (1865), trad. fr. M. Proust, Paris, Mercure de France, 1906.
■ 41. Stendhal, *Salon de 1824* (c'est le premier salon où fut présentée une œuvre de Constable).
■ 42. E. Burke, *Recherche philosophique sur l'origine de nos idées du sublime et du beau* (1757), Partie II, 1.

la synthèse. L'esprit s'y trouve comme en présence d'un absolu dans l'ordre de la grandeur ou de celui de force. Mais les pages qu'il consacre au sublime mathématique et dynamique se concluent (V. 268-V. 269) sur l'impossibilité d'expliquer, avec Burke, le plaisir esthétique né de la terreur de l'infini sur la base simplement empirique d'un sentiment de conservation du moi mis ainsi à l'épreuve. Le sublime tire ses conditions de possibilité du fait que l'effondrement de l'imagination dans ses facultés de représentation et l'inanité de ses efforts s'accompagnent de l'élévation d'une raison qui en tant que faculté des idées reconnaît dans cet infini l'inconditionné qui en constitue la fin. Dans le sentiment du sublime la pensée ne découvre pas quelque chose de la nature. Elle découvre quelque chose à propos d'elle-même, à savoir que son horizon ne se trouve pas dans la finitude sensible du monde, mais dans la sphère métaphysique d'une destination suprasensible. Kant établit, ainsi, un lien nécessaire entre la possibilité du sentiment esthétique du sublime et la disposition où se trouve l'esprit vis-à-vis du sentiment moral. Mais, par là-même, « le sublime n'est présent en aucune chose de la nature, mais seulement dans notre esprit »[43] : il suppose l'idée d'un inconditionné qui ne peut être *donné*, mais seulement *pensé*. Aussi, pas plus quelque chose de la nature, en tant que phénomène, ne peut constituer par soi-même une instanciation du sublime – pas plus une représentation directe du sublime dans un objet intuitionnable, tel un tableau, n'est-elle possible. Il ne peut être, au mieux, que signifié de manière oblique.

Le beau, le sublime. Les manières de nommer la césure ne manquent pas. Mais si le paysage de montagne ouvre une nouvelle époque du paysage pictural, il convient de nuancer ce qu'une lecture principalement kantienne conduirait à négliger. La montagne envahit la peinture, mais il s'agit d'une re-sémantisation du tableau de paysage comme image. Camporesi[44] fait remarquer combien le monde des roches avait, dès la Renaissance, été dans la peinture le support d'une intégration progressive des savoirs de la nature : pour certains forts anciens, allant des savoirs laborieux arrimés au pays réel (exploitation pastorale, exploration minière, etc.) jusqu'aux premières ébauches d'une approche scientifique où physique, alchimie et minéralogie s'entremêlent, mais dans laquelle on distingue néanmoins les premiers pas d'une géologie attentive aux mécanismes de l'érosion, à la stratigraphie ou à la morphogenèse. Arasse a pu ainsi voir dans plusieurs relevés de Léonard Vinci l'abrégé de la géomorphologie de l'Arno qui constitue le paysage d'arrière-plan de la Joconde dont dépendrait toute l'interprétation de l'œuvre[45]. Sans doute ne sommes-nous plus guère attentifs à la signification des reliefs, des veines métallifères colorées des roches, etc. qui apparaissent sur les paysages de pierre de Mantegna et qui doivent au système analogique des signes métalliques de nous paraître aujourd'hui si schématiques. Mais ces paysages de roches restent symboliques plutôt qu'investis des valeurs visuelles et esthétiques.

▩ 43. E. Kant, « Critique de la faculté de juger », §. 29, dans *Œuvres philosophiques*, « Bibliothèque de la Pléiade », Paris, Gallimard, vol. II, p. 1035.

▩ 44. P. Camporesi, *Les Belles contrées, op. cit.*

▩ 45. D. Arasse, *Léonard de Vinci*, Paris, Hazan, 2003, p 386-393.

Dennis dans sa lettre sur les Alpes du 25 octobre 1688[46] s'interroge sur la communauté entre la nature et les facultés de l'esprit. Il voit, dans l'antithèse de la montagne et de la plaine cultivée, l'image de l'esprit : d'un côté les transports sauvages et passionnels de l'âme, de l'autre, les facultés harmonisées de la pensée. L'imagination, dans un cas contemple dans le paysage le reflet de l'histoire humaine, alors que la montagne ouvre vers le temps abyssal de la genèse. Ainsi note-t-il le 24 octobre

> Si ces montagnes n'ont pas été faites avec la création, mais formées par un cataclysme universel quand l'arche avec une grande brisure fut détruite [...] alors ces ruines du monde antédiluvien sont les plus grandes merveilles du monde. Car ce ne sont pas seulement de vastes ruines, mais des ruines d'une âpre horreur, hideuse et lugubre.

La description de sites, sous l'influence d'une récente passion pour l'histoire géologique de la terre, finira, dans la correspondance de voyage du XVIIIe siècle, par prendre le pas sur la notation du pays, de ses habitants et de leurs mœurs. Le regard descriptif s'interrompt sur l'investigation scientifique de ce qui se découvre à la vue. Montesquieu s'émerveille devant la baie de Naples, véritable « amphithéâtre sur la mer »[47], mais il poursuit sur les phénomènes volcaniques. Goethe, dans son approche du Tyrol note le 3 Septembre 1786 combien à partir de la vue, la pensée s'élève « vers les pays qu'on ne peut embrasser du regard » pour découvrir tout le bassin hydrographique de l'Eger, de l'Elber et de l'Adige. Rendre « l'œil clairvoyant » ce n'est pas principalement, pour Goethe, rendre l'œil esthétiquement sensible, mais surtout le rendre capable d'atteindre à partir d'« un tableau plein de profond mystère » l'unité intelligible et vivante de la nature. Le regard de l'esprit embrasse alors l'atmosphère, le climat, le végétal, le minéral et l'ensemble de la vie de la terre dans la lutte des forces électriques qui animent la nature[48].

La fin du XVIIIe siècle découvrait la géologie : la terre n'était plus un espace statique à refléter dans un tableau immuable, elle portait les stigmates de sa propre généalogie. Dans son *Cours de géographie*, Kant comprend comment l'étude de la terre annule la distinction entre une science qui tisse son récit dans le temps – l'histoire – et une science qui serait simple description de ce qui s'étend dans l'espace. Il admet la possibilité d'une « histoire de la nature »[49] qu'il refusait au départ et donne, ainsi, droit de cité dans le système de la science aux questions auxquelles tentent de répondre – même s'il les refuse une à une – les hypothèses sismiques de Moro[50], de l'effondrement de l'écorce terrestre de Burnet[51], de l'affaissement de Woodward[52], aux théories exposées par Leibniz[53], aux fantasmagories de Linné sur l'île-montagne

■ 46. J. Dennis, *Miscellanies and Verse in Prose* (1693).
■ 47. Montesquieu, *Voyage de Gratz à la Haye*, I, 34, « Bibliothèque de la Pléiade », Paris, Gallimard, 1949. p. 724.
■ 48. W. Goethe, *Journal de voyage*, 8 septembre 1786, Paris, Bartillat, p. 20-21.
■ 49. E. Kant, *Géographie*, § 77.
■ 50. A. L. Moro, *Recherches sur les modifications du sol terrestre* (1740).
■ 51. T. Burnet, *Telluris theoria sacra* (1670).
■ 52. J. Woodward, *An Essay toward a Natural History of the Earth and Terrestrial Bodies* (dernière édition 1723).
■ 53. G. W. Leibniz, *Protogée* (1749).

tropicale d'Eden[54] et la théorie de l'érosion de Buffon, avant de proposer ses propres conceptions sur une terre originairement magmatique.

La montagne renouvelait le paysage parce que, sous la catégorie du sublime, elle réintégrait la nature dans l'histoire – non pas l'histoire humaine, mais l'histoire plus générale du monde. Elle apparaît comme vestige de l'origine en même temps que résumé de l'histoire du monde. Crevasses, grottes, gouffres, falaises, vallées, montagnes ne sont plus les éléments d'un paysage esthétique, ils signent l'histoire de la terre et convoquent l'esprit à contempler la profondeur du temps terrestre. Pour un peintre comme Carus, cette morphologie fait de la montagne une sorte de vivant qui motive une approche anatomique en vertu de laquelle la peinture ne doit plus viser la surface du monde visible, mais sa morphogenèse, c'est-à-dire faire paraître derrière la forme, l'énergie structurante et la vie dont elle émane. La peinture, pour atteindre sa fin, se devait d'être une science[55].

Du pittoresque à l'*American scenery*

Le spectacle proposé dans le *Cœur des Andes* (1859) de Church, une des œuvres les plus fameuses de l'école paysagiste américaine, raconte dans la juxtaposition des plans, les scènes de la genèse du monde : présence du passé glaciaire inscrite dans l'histoire multi-millénaire de la formation des granits, le glacier encore à l'œuvre, à l'arrière-plan ; puis les cascades, qui viennent nourrir, au plan-médian, la nature bucolique de la prairie profonde traversée par une rivière ondoyante autour de laquelle la vie humaine est appelée à prospérer. Au cœur de cet Eden, le premier plan amorce l'histoire humaine : la forêt pénétrée par l'homme auquel se découvre le paysage accomplit la promesse de terre promise en proposant dans le même temps au regard les premiers moments de la création et l'utopie d'harmonie dont il constitue la promesse. Tout dans le paysage évoque, non pas le temps des saisons qui rythme la vie des hommes, mais le temps géologique de l'histoire de la terre, où le présent de l'homme – le moment du spectacle même – vient rejoindre le présent du spectateur en ouvrant vers une histoire nouvelle où l'histoire des hommes ne serait plus asservie à l'héritage de la culture mais deviendrait celle de la petite communauté communiant autour de son Dieu. Novak dans *Nature and Culture*[56] montre comment sa possibilité de « *paysage américain* » se trouve inscrite dans la signification historique de l'Amérique comme promesse d'un Nouveau monde et d'une régénération par opposition à une Europe que l'histoire rendait désormais caduque.

Quand Bierstadt écrit dans sa lettre du 10 septembre 1859, « nous avons ici l'Italie d'Amérique à l'état primitif », il dit cette nouvelle fondation de l'histoire, non plus pensée comme mémoire (le paysage italien), mais comme promesse biblique. La référence au paysage italien assure, comme chez Cole, la transposition des thèmes : la montagne sera l'édifice qui valait

---

54. J. Piton de Tournefort, *Relation d'un voyage de Levant*, lettre 19 de 1717. C. von Linné, *Sur l'accroissement de la terre habitable* (1744).

55. C. G. Carus, *Neuf lettres sur la peinture de paysage* (1831).

56. B. Novak, *Nature and Culture, American Landscape and painting 1828-1875*, New York, Oxford University Press, p. 7 et p. 59-60.

comme signe de l'histoire, vallées, précipices, et abîmes seront ces ruines qui supportaient la méditation du cycle des empires, le bois profond et la plaine immense, vaudront ce bosquet dont la fraîcheur servait d'abri à la fable[57]. Dans le cycle du *Destin des Empires* qu'il peint en 1836, le paysage participera au même titre que le tableau des ruines de la civilisation d'un discours total sur l'histoire. Le paysage américain appelle à abandonner « les muses sophistiquées de l'Europe » (la *culturness*), pour le sublime de l'actuel américain (la *wilderness*). Chez Church et Cole, les catégories esthétiques du pittoresque sont réinvesties dans un code théologique et éthique. À qui reprocherait au monde américain d'être a-pictural par « manque d'associations » du fait qu'il serait impossible à la mémoire d'opérer ces liaisons entre les lieux et les sites de la littérature – « les solitudes de Vaucluse » (lieu de retraite de Pétrarque), « Vallombrosa » (Milton), « le mont Albain d'où le spectateur jette son regard sur la Rome antique » – sans lesquelles l'imagination reste muette, Cole répond en convoquant un autre sens de l'histoire : celle d'une rupture dans l'histoire – le combat pour la liberté dont chaque lieu évoque les moments – et d'un temps démocratique, où la communauté villageoise devient la véritable scène historique, puisque la dramaturgie passée de l'héroïque aristocratique, peut enfin laisser place au spectacle d'une vie libre et paisible où chacun vaque à ses occupations laborieuses et vertueuses.

Le paysage américain est peint comme s'il n'appartenait pas au paysage contemporain, mais constituait le sanctuaire mythique d'une nature inviolée, le présent absolu d'un présent échappant à l'histoire comme réalisation de l'histoire. Là où la nature offre son abondance et où la main de l'homme n'a pas encore creusé le sillon de l'histoire, une autre histoire est possible. Le spectacle du lieu n'est plus celui de la mémoire, mais offre à l'esprit un nouveau stimulant pour l'imagination : l'utopie. Si l'histoire disparaît comme fable, elle continuait, ainsi, à configurer le sens ultime de l'œuvre. Comme dans une bible offerte aux yeux rénovés de l'homme par le spectacle d'une nature à l'état d'origine, l'histoire de la terre devenait, avec le paysage américain, le texte à partir duquel devait se lire l'histoire de l'humanité. Avec Yosémite, le migrant, dans son errance vers l'ouest, avait trouvé son Sinaï[58].

Épilogue, le paysage introuvable...

Avec l'émergence du *picturesque*, le peintre semble abandonner les bancs de l'art pour se mettre à l'école de la nature. Il favorise des sujets relatifs à une nature plus sauvage où disparaissent toutes traces de la culture (monuments, villes, figures historiques et mythologiques, etc.). Il se plaît dans des sujets issus du monde végétal, de l'accident géologique et météorologique, et semble célébrer une nature spontanée non domesticable par l'homme. Mais, l'image y reste le théâtre d'un texte implicite. Si la fable disparaît, la peinture d'histoire subsiste, d'une certaine manière dans le tableau de la nature. Elle en préserve en grande partie les cadres perspectivistes, l'enchaînement tripartite des plans, et la prééminence d'un regard hégémonique qui contemple le monde hors du

■ 57. Thomas Cole, *Essai sur le décor naturel américain* (1836), § 36, Pau, P.U.P., 2004.
■ 58. A. Bierstadt, Lettre du 22 Août 1859.

monde. Les tableaux *de* paysage ne sont pas des « paysages peints » mais des constructions symboliques complexes qui renvoient à un espace spéculatif plus que visuel. Qui se souvient que le sublime ne peut être pour Kant qu'un prédicat de l'Idée, évitera de voir dans les œuvres de Friedrich une représentation du sublime de la nature infinie. L'évolution de la peinture de paysage, sous l'impact du sentiment romantique de la nature, consiste, en réalité, à passer du signe mimétique au symbole oblique : présence de l'impossible présence de ce qui ne peut se donner comme objet dans la représentation, mais être seulement visé comme Idée. Watt montre bien comment, avec le romantisme allemand, l'art, dans le désir de valoir comme seul absolu, trouvera dans le paysage de montagne un motif qui lui permet de se délivrer de l'image figurative et mimétique[59]. Avec la peinture de paysage comme peinture du sublime, la peinture ne représente pas quelque chose, mais l'expérience spirituelle du regard. Le *Wanderer über dem Nebelmeer* de 1818 est ainsi conçu par Friedrich, non pas comme un paysage descriptif, mais comme une « idée totale », la projection d'une vision intérieure qui vient s'objectiver au dehors sur la toile[60]. Il obéit à un schéma que le peintre reprend dans un très grand nombre de ses œuvres : une figure représentée de dos, absorbée dans la même direction contemplative à laquelle le spectateur lui-même est invité. Le promeneur rousseauiste (le tableau reprend un poème de Schiller[61]) est représenté à la limite physique de sa pérégrination. Devant lui s'ouvre un espace vide d'attente et de crainte que seul le mouvement de sa pensée vers un horizon aux lointains inconnus peut espérer remplir – mais vainement. La suppression de toute perspective opère une rupture immédiate entre les bords du tableau et le saut du regard du spectateur qui doit aller en direction de ce vers quoi porte celui du personnage figuré, se heurtant alors à la limite dissuasive d'un lointain impénétrable posé comme un espace radicalement différent. La composition installe ainsi une tension entre un espace proche sans objet, mais accessible, et un lointain inaccessible, un horizon de l'au-delà du tableau qui libère l'esprit du poids anecdotique de la promenade. Le tableau fonctionne, ainsi, comme la figuration d'un spectacle dépassant les limites de la représentation ; il rend présent au spectateur l'irreprésentable du penseur. Ce qu'il affirme, ce n'est pas la réalité de la nature, mais l'absoluité du regard spirituel qui dépasse la vue physique.

Les pages qui précèdent ont tenté de l'argumenter : pour autant que le paysage pictural suppose des systèmes discursifs qui lui donnent sens, il ne peut être interprété comme un relevé visuel issu d'une sensibilité paysagère. L'histoire de la peinture figurative et, plus précisément encore, l'histoire du tableau de paysage, semble devoir nous conduire à une conclusion bien étrange. Soit, on suppose qu'il y existe une réalité du paysage naturel, mais pas de peinture *de* paysage ; soit il nous faut accepter que « paysage » désigne une catégorie d'images – « les tableaux-de-paysage » – et que leur mode de fonctionnement comme « images » nous reconduit sans cesse au-delà d'une

■ 59. P. Watt, *Naissance de l'art romantique*, Paris, Champs-Flammarion, 2013.
■ 60. W. Hofman, *Une époque en rupture*, Paris, Gallimard, 1995.
■ 61. F. Schiller, *La promenade* (1795).

fonction dépictive qui en ferait de simples représentations de la nature. J'oserai pour finir une suggestion tant sur le plan de la définition que de celui de l'histoire de l'art. La question de savoir quand ? et où ? dater l'apparition du paysage pictural (l'Italie de la Renaissance ?, les Provinces unies du XVIIᵉ, comme le suggère Alpers[62] ?, l'Angleterre de la maison de Hanovre ?), cesse d'être claire dès lors que l'idée même de « tableau *de* paysage » reste mal définie. On retrouve là le genre de confusion inhérente à toute théorie de la représentation-copie que Goodman tente de démêler en invitant à distinguer entre dénotation et classe d'images[63]. Les œuvres de Poussin, qui racontent tant à celui qui sait les lire sont-elles des paysages ? Que recherchaient ses commanditaires français en attendant un « paysage italien » ? Alors quand commence la peinture de paysage ? Je dirai quand la peinture cessa d'être peinture *de* et commença à rompre avec la figuration. Les tableaux alors de « tableaux-de-paysages » devinrent des toiles-paysages. C'est en s'épurant et tendant vers l'abstraction que les tableaux devinrent des paysages au sens d'objets visuels et esthétiques sans signification. C'est dans cette défiguration du figuratif qu'en perdant le sens, la peinture parvint peut-être à gagner le sensible. Jusque-là elle parlait par images.

Henri Commetti
Professeur en lettres supérieures au lycée L. Barthou de Pau

62. S. Alpers, *L'Art de dépeindre*, Paris, Gallimard, 1990.
63. N. Goodman, *Langages de l'art*, Paris, J. Chambon, 1990 p. 47-58.

Le paysage

LA TRANSGRESSION PAYSAGÈRE

Justine Balibar

L'esthétique occidentale du paysage est construite sur le fond d'une dualité entre le réel et la représentation : d'un côté le paysage que nous parcourons avec nos yeux et notre corps dans l'espace physique, d'un autre côté le paysage représenté dans des images de tout type. Cette dualité est traditionnellement interprétée selon un rapport hiérarchique : le paysage représenté constituerait l'origine et le modèle de l'expérience des paysages réels. Mais il existe d'autres façons de comprendre cette dualité : l'une des formes possibles de l'expérience paysagère consiste en effet à passer du paysage réel au paysage représenté et *vice versa*, ce passage soulevant le problème de la différence ontologique entre le monde réel et le monde de la représentation et pouvant être à ce titre défini comme une transgression.

L'esthétique du paysage, au sein de la culture occidentale, est construite sur le fond d'une dualité entre le réel et la représentation, entre la chose et l'image de la chose : d'un côté le paysage que nous parcourons avec nos yeux mais aussi avec notre corps dans l'espace physique réel, d'un autre côté le paysage représenté dans des images de tout type, depuis les tableaux, dessins et photographies des grands maîtres de l'art jusqu'aux images publicitaires, touristiques et commerciales qui peuplent nos fonds d'écran, nos boîtes aux lettres et les murs de nos villes. Il ne s'agit pas de dire que le paysage réel soit une espèce de chose en soi ou une réalité absolument objective : le paysage réel n'existe qu'en relation avec un sujet esthétique, il fait l'objet d'une perception et d'une expérimentation, lesquelles sont médiatisées par toute une série de filtres culturels variés, qui ne sont pas tous, loin de là, de nature artistique ou iconique. Pourtant, c'est bien en tant que réalité que le paysage est alors perçu et que l'on peut dire que nous nous le « représentons »[1] – et non en tant

---

1. On parle ici de « se représenter » au sens d'une représentation mentale, comme le traduit l'allemand « *Vorstellung* », par opposition à l'acte de « représenter » dans une image ou un objet artefactuel (« *Darstellung* »).

qu'image ou représentation. C'est cette distinction que l'on vise par l'opposition conceptuelle entre paysage réel et paysage représenté. L'enjeu des pages qui suivent est d'interroger cette dualité du réel et de la représentation au sein de la culture occidentale du paysage. Si cette dualité est traditionnellement interprétée selon un rapport hiérarchique, dans lequel le paysage représenté constituerait l'origine et le modèle à partir desquels pourrait être élaborée une expérience des paysages réels, il est possible aussi de comprendre les choses de manière plus horizontale : l'une des formes possibles de l'expérience paysagère consiste en effet à passer du paysage réel au paysage représenté et *vice versa*, ce passage soulevant le problème de la différence ontologique entre le monde réel et le monde de la représentation et pouvant être à ce titre défini comme une transgression.

L'étymologie du mot « paysage » est bien connue et reflète la dualité du concept : le mot apparaît d'abord dans le milieu des peintres, au XVIe siècle, pour désigner la représentation picturale d'une portion de territoire, avant que son sens ne s'étende au territoire réel en tant qu'il est perçu par la vue. Une analyse plus fine et approfondie du mot et de ses variations de sens dans différentes langues européennes, telle que la propose C. Franceschi[2], permet de montrer que les choses sont un peu moins simples et que les différents mots européens pour signifier le paysage – « *paesaggio* » en italien, « *paisaje* » en espagnol, « *landscape* » en anglais, « *landscap* » en néerlandais et « *Landschaft* » en allemand – oscillent entre le sens réaliste et le sens iconiste, parfois sans claire distinction des sens, ni priorité systématique de l'un sur l'autre. En allant plus loin, on peut montrer que le mot « paysage » et ses équivalents européens n'ont pas l'exclusivité de cette duplicité sémantique. Non seulement celle-ci est présente dans une série d'autres mots pouvant être employés comme synonymes de « paysage » (« perspective », « scène », « décor », « vue », « panorama », mais aussi « *vista* », « *veduta* », « *prospect* », « *view* », « *scene* », « *scenery* », etc.), mais surtout on peut en constater l'existence bien avant le XVe siècle, par exemple en latin. Quand Pline le Jeune décrit, dans ses lettres, le plaisir qu'il a à contempler les paysages autour de sa villa laurentine et de sa villa toscane il emploie les expressions « *facies locorum* » et « *forma regionis* ». Si « *locus* » et « *regio* » signifient le lieu, le pays, la région, *forma* et « *facies* » renvoient quant à eux à l'idée d'aspect extérieur et d'aspect d'ensemble, que cet aspect soit effectivement perçu par la vue ou bien représenté dans une image (dessin ou plan par exemple). Or les expressions « *facies locorum* » et « *forma regionis* », employées chez Pline au sens du paysage réel perçu par la vue, pourraient aussi bien désigner la représentation de ce paysage, dans un tableau, un dessin ou un plan par exemple et il ne fait guère de doute que Pline joue sur ce double sens. L'ancienneté et la persistance historique de cette duplicité sémantique, ainsi que sa présence non seulement dans le mot « paysage » (et équivalents) mais aussi dans d'autres termes voisins, laissent penser qu'elle est moins due à un hasard ou une pauvreté terminologiques qu'à une nécessité conceptuelle : le concept même de paysage, quelque mot

■ 2. Catherine Franceschi, « Du mot *paysage* et de ses équivalents dans cinq langues européennes », dans Michel Collot (dir.), *Les Enjeux du paysage*, Paris, Ousia, 1997.

que l'on emploie pour le signifier, contiendrait – en s'en tenant bien sûr à un contexte de pensée occidental – par essence cette idée d'un rapport, voire d'une tension entre le réel et sa représentation.

Certains théoriciens[3] interprètent ce rapport entre le réel et sa représentation comme un rapport d'antériorité, de priorité, de préséance, aux fins d'attribuer à l'art tout le mérite de l'« invention »[4] du paysage et de la culture paysagère. La représentation paysagère, que beaucoup s'accordent à faire commencer à la Renaissance chez les peintres italiens et flamands du XVᵉ siècle, viendrait la première et elle fournirait par la suite le modèle, le schème, les « *a priori* de la sensibilité* » nécessaires à la perception et à l'appréciation du paysage réel. Aussi stimulante soit-elle, cette conception laisse pourtant de côté des caractéristiques essentielles de l'expérience du paysage réel, sur lesquelles on reviendra dans les pages suivantes. En outre, en situant le débat sur le plan de l'invention, c'est-à-dire de l'origine du paysage, elle prête inévitablement le flanc à une objection de bon sens : pour que les peintres aient représenté le paysage, il faut qu'ils l'aient d'abord perçu. Comme le montre Philippe Joutard dans *L'Invention du Mont-Blanc*[5], ni les peintres du Nord ni les peintres italiens n'ont inventé de toutes pièces leurs paysages : ils les ont d'abord vus et parcourus. Léonard de Vinci, par exemple, avait une profonde connaissance de terrain des paysages du nord de l'Italie, depuis les campagnes agricoles de la plaine du Pô où il avait réalisé des travaux hydrauliques, jusqu'aux montagnes lombardes, qu'il avait parcourues et dont il recommande l'exploration[6]. On pourrait également avancer que des éléments culturels autres que la représentation picturale ont pu œuvrer, bien avant la Renaissance, à la formation d'un œil attentif au paysage, c'est-à-dire à des portions d'espace caractérisées par leur étendue, leur profondeur, leur organisation complexe, avec une alternance de zones découvertes et de zones cachées : c'est le cas notamment de la culture pastorale. En somme, poser la question du rapport entre paysage réel et paysage représenté du point de vue de l'origine, c'est-à-dire en termes de préséance logique ou chronologique, comporte le risque de s'abîmer dans un débat infini comparable à la question de savoir ce qui vient d'abord, de la poule ou de l'œuf.

On peut cependant comprendre autrement ce rapport entre réel et représenté et y voir plutôt la tension fondamentale qui habite, structure et dynamise notre expérience, notre conception et de manière générale notre culture du paysage : le paysage serait à la fois, et cela indépendamment de tout rapport de préséance, l'image représentée et la chose expérimentée. Une des modalités caractéristiques de l'expérience paysagère occidentale consisterait alors dans la perception d'un écart entre les deux, dans leur

■ 3. Voir notamment Augustin Berque, *Les Raisons du paysage*, Paris, Hazan, 1995 ; Anne Cauquelin, *L'Invention du paysage* (2000), Paris, P.U.F., « Quadrige », 2004 ; Alain Roger, *Nus et Paysages*, Paris, Aubier, 1978 ; Alain Roger, *Court traité du paysage*, Paris, Gallimard, 1997.
■ 4. Anne Cauquelin, *L'Invention du paysage*.
■ 5. Philippe Joutard, *L'Invention du Mont Blanc*, Paris, Gallimard-Julliard, 1986.
■ 6. Léonard de Vinci, *La Peinture*, textes traduits, réunis et annotés par A. Chastel, Paris, Hermann, 1964, p. 111 : « J'affirme que l'azur [...] n'est pas sa couleur propre, mais est causé par une humidité chaude qui s'évapore en particules très petites et invisibles [...]. Cela pourra être vu, comme je l'ai vu moi-même, par quiconque montera sur le Monboso au col des Alpes qui séparent la France de l'Italie. ».

mise en relation et éventuellement dans l'accomplissement ou la tentative d'accomplir un passage de l'un à l'autre. Plutôt que d'un passage il convient de parler d'une transgression, dans la mesure où on ne passe pas si facilement, si naturellement, si impunément « de l'autre côté du miroir », c'est-à-dire de l'image à la chose et *vice versa*. La transgression renvoie à un passage de seuil – et non à un passage graduel –, le seuil qui sépare deux règnes ou niveaux ontologiques distincts. Prenons un paysage réel dans lequel serait installée et comme enchâssée une représentation de ce même paysage. Je peux me rendre dans ce paysage, le contempler tout en étant situé·e dedans, voire en le parcourant. Peut-être suis-je venu·e avec une intention bien précise : celle de dessiner, de peindre ou de photographier le paysage. De ce paysage réel que je vois, je produis en outre une image : sur un carnet de croquis, sur une toile installée sur un chevalet, dans le viseur analogique ou sur l'écran numérique de mon appareil photographique. Peut-être, comme les curieux imitateurs de la *République* de Platon, les voyageurs pittoresques du XVIIIe siècle ou encore les romanciers stendhaliens, me plaît-il de me promener avec un miroir afin d'y attraper des reflets du paysage environnant. C'était bien la fonction du *Claude Glass* au XVIIIe siècle, ce petit miroir de poche dont la convexité et les bords teintés permettaient de refléter un paysage en lui donnant l'aspect d'un tableau dans le style de ceux du peintre Claude Lorrain. Il était d'usage de brandir le miroir devant soi, afin d'y voir se refléter le paysage situé derrière soi. Cet usage, qui n'est pas sans faire penser à la pratique actuelle du *selfie*, frappe par le recours paradoxal qu'il suppose à la médiation d'un objet technique pour voir ce qu'on a déjà sous les yeux, qui plus est en lui tournant le dos. Il y a là une forme de transgression à l'égard de l'attitude naturelle du corps percevant. Quoi qu'il en soit, et qu'il s'agisse de reflet dans un miroir, de dessin, de peinture ou de photographie, une image du paysage se trouve insérée et comme enchâssée dans le paysage réel qu'elle représente. Le support physique des images – toile, miroir, écran, papier – se trouve dans l'espace que je partage avec le paysage, mais ces images représentent un espace distinct de celui dans lequel je me trouve. Quand bien même l'image que je regarde est l'exacte représentation du paysage dans lequel je me tiens, le paysage de l'image est distinct du paysage où je suis et je ne peux entrer dedans. Il faudra toujours contourner le cadre ou tourner le dos au miroir pour voir en vrai le paysage qui y était représenté et cette vision réelle suppose la perte de l'image. Le rapport entre le réel et la représentation est analogue à celui qui existe entre le réel et la fiction. Une fiction est lue ou écrite dans le monde réel, mais le monde dans lequel elle se déroule est distinct de celui dans lequel on la lit ou l'écrit. Il n'est pas possible de passer réellement, physiquement dans l'espace représenté, de même qu'il n'est pas possible de passer réellement, physiquement dans un monde fictionnel. Le passage de l'un à l'autre espace relève donc d'une forme de transgression ontologique. Il n'est pas possible d'entrer dans un tableau de paysage et de s'y promener, ni d'accrocher un paysage réel au mur d'une pièce. Cela étant, il reste possible d'établir des relations entre les deux ; de les comparer ; d'enchâsser l'un dans l'autre ; de passer de l'un *à* l'autre (et non de l'un *dans* l'autre) ; voire de brouiller artificiellement leurs frontières.

Plus précisément, pour quelle raison ontologique est-il impossible de passer du paysage réel au paysage représenté ou inversement ? La différence essentielle tient au fait que le paysage réel est un espace en trois dimensions tandis que le paysage représenté est un monde en deux dimensions. Le point de bascule a trait à la profondeur spatiale, c'est-à-dire à l'espace que l'on peut traverser, approfondir, à travers lequel on peut avancer ou progresser : l'espace que l'on peut, à la lettre, trans-gresser. L'image paysagère, comme toute image, est construite sur un manque fondamental, le manque de profondeur, qui fait tout l'intérêt et la difficulté de la production d'images. C'est pourquoi la perspective, et en particulier la perspective picturale telle qu'elle s'est affirmée à la Renaissance, est une forme de représentation si importante

L'image paysagère est construite sur un manque fondamental

pour le paysage, dans lequel le paysage trouve si bien à s'épanouir, dans la mesure où la perspective est la technique permettant de suppléer le manque de profondeur, de représenter en deux dimensions ce qui existe en réalité en trois dimensions, que ce soit par la diminution progressive des objets avec la distance et la convergence des lignes parallèles dans le lointain (perspective dite linéaire), par l'affadissement progressif des couleurs avec la distance (perspective dite atmosphérique ou aérienne) ou par la perte

progressive de détail avec la distance (perspective dite de diminution)[7]. La perspective, cependant, n'est pas la seule technique de production d'images permettant de suppléer le manque de profondeur. On peut penser aussi aux panoramas, ces dispositifs circulaires invitant le spectateur à faire un tour sur lui-même pour contempler la représentation, comme s'il se trouvait au milieu d'un espace réel. Ou encore à la technique du *travelling* au cinéma qui permet de donner une impression de déploiement et d'approfondissement progressif de l'espace, caractéristique de l'expérience des paysages réels. Si la différence essentielle entre paysage réel et paysage représenté tient à la présence ou au manque de profondeur, ce qui marque l'impossibilité de la transgression est bel et bien le cadre, symbole de la séparation entre l'espace de l'image et l'espace de la chose. Le cadre, ou à tout le moins la bordure nette, isole et sépare visuellement et symboliquement l'image, c'est-à-dire le contenu représenté dans l'image, de l'espace physique réel dans lequel cette image est située.

En dépit de cette impossibilité ontologique à franchir l'écart qui sépare le réel de sa représentation, ou peut-être à cause de cette impossibilité même, la culture paysagère semble travaillée par la fantaisie de rapprocher les deux espaces paysagers, de réduire l'écart ontologique qui les sépare, de considérer les paysages réels comme des paysages représentés et *vice versa* : « *ut pictura natura* » et « *ut natura pictura* », pour parodier la célèbre formule d'Horace, c'est-à-dire « la peinture comme la nature » et « la nature comme

■ 7. Léonard de Vinci distingue trois sortes de perspectives : la perspective linéaire, la perspective de la couleur, la perspective de diminution. Voir à ce sujet le passage « Ms 2038 *Bib. nat.* 18r », dans Léonard de Vinci, *Carnets*, Paris, Tel-Gallimard, 1942, p. 238-239.

la peinture ». On constate ce désir de transgression des niveaux aussi bien dans l'expérience esthétique des paysages réels ou représentés que dans la production artistique de représentations paysagères : à l'oral comme à l'écrit, on peut décrire un paysage réel comme s'il s'agissait d'un paysage peint et inversement ; on peut se plaire à voir un paysage dans l'encadrement d'une fenêtre comme s'il s'agissait d'une image ; on peut se projeter fantasmatiquement dans l'espace d'un paysage représenté ; on peut introduire dans un paysage réel le support de sa représentation paysagère (tableau sur un chevalet, croquis sur une feuille volante, reflet dans un miroir ou une surface quelconque, image découpée dans un viseur photographique) et s'amuser à faire glisser le regard de l'image à la réalité et inversement ; on peut représenter, à l'écran ou sur une toile, un personnage passant d'un paysage « réel » à un paysage représenté[8], ou encore créer des effets de trompe-l'œil pour faire croire que le paysage représenté déborde sur l'espace réel[9]. Ces différentes formes de transgression n'ont pas toutes le même statut, ne serait-ce que parce qu'elles peuvent relever aussi bien d'un procédé de composition poétique que d'une modalité de l'attitude esthétique. En tous les cas, la transgression de l'écart ontologique entre les deux espaces ne peut être réalisée de manière effective, mais seulement fantasmée dans l'imagination ou feinte grâce à un artifice cinématographique, pictural, photographique ou littéraire.

Un texte célèbre d'Oscar Wilde, dans *Le Déclin du mensonge*, illustre la transgression de forme « *ut pictura natura* ». Wilde, pour illustrer l'idée selon laquelle « la vie imite l'art bien que plus l'art n'imite la vie », explique que nous voyons les paysages à travers le modèle des tableaux des peintres qui les ont représentés.

À qui donc, sinon aux impressionnistes, devons-nous ces admirables brouillards fauves qui se glissent dans nos rues, estompent les becs de gaz, et transforment les maisons en ombres monstrueuses ? À qui, sinon à eux encore et à leur maître [Turner], devons-nous les exquises brumes d'argent qui rêvent sur notre rivière et muent en frêles silhouettes de grâce évanescente ponts incurvés et barques tangentes ? Le changement prodigieux survenu, au cours des dix dernières années, dans le climat de Londres, est entièrement dû à cette école d'art. [...] De nos jours, les gens voient les brouillards, non parce qu'il y a des brouillards, mais parce que peintres et poètes leur ont appris le charme mystérieux de tels effets. Sans doute y eut-il à Londres des brouillards depuis des siècles. C'est infiniment probable. Mais personne ne les voyait, de sorte que nous n'en savions rien. Ils n'eurent pas d'existence tant que l'art ne les eut pas inventés[10].

Tout se passe comme si nous ne voyions pas les paysages réels – de Londres ou, dans la suite du texte, des campagnes françaises – mais, à leur

---

8. Dans ce cas, le paysage « réel » du personnage est bien évidemment tout aussi fictif que son paysage représenté : le paysage dans lequel se tient le personnage appartient à un premier degré de représentation, tandis que le paysage qu'il contemple, sur une toile ou un écran par exemple, appartient, lui, à un second degré de représentation. Il y a là, en d'autres termes, une mise en abyme du paysage représenté.

9. C'est la fonction des lunettes 3D au cinéma par exemple.

10. Oscar Wilde, *Le Déclin du mensonge*, dans *Œuvres*, vol. 1, Paris, Stock, 1977, p. 307-308.

place, les tableaux des peintres qui les ont représentés. La nature imite l'art, les paysages naturels semblent être comme des paysages peints : « *ut pictura natura* ». Wilde adopte un ton de connivence amusée, mêlée de provocation. Il est clair, pour lui comme pour les lecteurs auxquels il s'adresse, que Turner et les impressionnistes n'ont pas inventé les brouillards londoniens ou la lumière des campagnes françaises, mais que c'est par un effet de l'imagination que nous voyons les paysages réels sous les traits des représentations qu'ils ont occasionnées, lesquelles semblent se substituer sous nos yeux à ce qu'elles représentent. Si l'imitation de la vie par l'art relève ici du domaine de la création poétique, l'imitation de l'art par la vie relève quant à elle du domaine de la réception esthétique : ce n'est pas une imitation réelle, mais une imitation imaginaire, qui relève d'une certaine forme d'attitude esthétique.

Se réclamant du patronage d'Oscar Wilde, Alain Roger, dans sa théorie de l'artialisation, transforme la boutade en manifeste théorique : il n'y aurait de paysage réel que perçu à travers la médiation du paysage représenté. Pour Alain Roger, la peinture de paysage telle qu'elle s'élabore à la Renaissance constitue l'*a priori*, le « schème de vision » qui détermine la sensibilité moderne au paysage : elle rend possible une autonomisation du décor naturel par rapport aux scènes religieuses du premier plan, grâce à la technique de la perspective qui met en effet à distance les éléments naturels tout en les unifiant les uns aux autres. Dès lors, la fenêtre constitue ici aussi l'élément « décisif », mais il s'agit moins de la « fenêtre italienne » (c'est-à-dire le tableau lui-même défini comme fenêtre par Alberti), où le paysage sert de fond à la scène, que de la « fenêtre flamande », à savoir la *veduta* insérée ou enchâssée à l'intérieur du tableau, cadre autonome où le paysage peut être organisé librement, comme dans *La Vierge au Chancelier Rollin* de Van Eyck (1435) ou dans *La Madone à l'écran d'osier* du Maître de Flémalle (1430). Ces « fenêtres flamandes » constituent l'archétype, représenté en peinture, de la conception védutiste du paysage comme espace extérieur perçu dans l'encadrement d'une fenêtre, c'est-à-dire comme paysage perçu à la manière d'un tableau. Dans le même ordre d'idées, Anne Cauquelin, dans *L'Invention du paysage*, fait du paysage contemplé de derrière une fenêtre le paysage par excellence. Comme le paysage représenté, le paysage de l'autre côté de la fenêtre apparaît délimité par un cadre. Et, à condition que le sujet derrière la fenêtre reste immobile et qu'il n'y ait pas trop de mouvement dans l'espace contemplé, le paysage réel devient alors effectivement très semblable à l'image d'un paysage. C'est ce qui permet à Anne Cauquelin de faire de ce cadre une condition *sine qua non* du paysage, un a priori de la sensibilité paysagère. Il suffirait pourtant, pour que tout bascule, pour que l'on bascule de l'image dans la chose, que le sujet se penche par la fenêtre – un peu comme, justement, les deux petits personnages que l'on aperçoit de dos à l'arrière-plan de *La Vierge au Chancelier Rollin* se penchent par-dessus la balustrade. Car la fenêtre réelle du paysage réel, à la différence du cadre du tableau, est traversable : on peut se pencher au-dehors, voir plus haut ou plus bas qu'en se tenant à l'intérieur de la pièce. On peut surtout l'enjamber, ou passer par la porte et la contourner, et ainsi se retrouver de l'autre côté de la fenêtre, à l'intérieur du paysage. Cette éventualité n'est pas envisagée par Anne Cauquelin et Alain Roger, qui s'en tiennent à une conception résolument iconiste et védutiste du paysage comme une vue fixe et cadrée, trouvant son origine dans la peinture de paysage de la Renaissance.

Cette conception du paysage qui pose le modèle pictural en condition de la perception paysagère est l'une des modalités prises par cette dynamique de transgression spatiale caractéristique de la culture paysagère occidentale. Mais le mouvement est réversible et peut aussi avoir lieu dans l'autre sens, « *ut natura pictura* ». C'est le cas dans le passage du *Salon de 1767* de Diderot, connu sous le nom de « Promenade Vernet ». Tout le texte repose sur un procédé de mystification, Diderot feignant de parler de paysages réels dans lesquels il se serait promené, alors qu'il parle en réalité, comme il le laisse deviner peu à peu au lecteur, d'une série de tableaux de Vernet. Ainsi commence le passage du *Salon* consacré à Vernet :

> Vernet. J'avais écrit le nom de cet artiste au haut de ma page et j'allais vous entretenir de ses ouvrages, lorsque je suis parti pour une campagne voisine de la mer et renommée pour la beauté de ses sites. Là […] j'allais, accompagné de l'instituteur des enfants de la maison, de ses deux élèves, de mon bâton et de mes tablettes, visiter les plus beaux sites du monde. Mon projet est de les décrire, et j'espère que ces tableaux en vaudront bien d'autres. Mon compagnon de promenades connaissait supérieurement la topographie du pays, les heures favorables à chaque scène champêtre, l'endroit qu'il fallait voir le matin, celui qui recevait son intérêt et ses charmes ou du soleil levant ou du soleil couchant ; l'asile qui nous prêterait de la fraîcheur et de l'ombre pendant les heures brûlantes de la journée [11].

C'est ainsi qu'est mis en place le dispositif de la transgression paysagère. La promenade dans le Salon au milieu des tableaux est remplacée, fictivement, par une promenade réelle dans des décors naturels. L'aspect ludique de la transgression est redoublé par l'emploi du terme « tableaux » : alors que tout le texte consiste à parler de tableaux comme s'il s'agissait de paysages réels, Diderot va jusqu'à parler de ces soi-disant paysages réels comme s'il s'agissait de tableaux. Une transgression de la forme *ut pictura natura* est donc insérée dans la transgression de forme *ut natura pictura*, provoquant un effet d'ironie au troisième degré. S'ensuit alors la description de différents sites paysagers – ruraux, montagneux, marins – que le groupe traverse au cours d'une longue excursion, entrecoupée de bribes de conversation entre Diderot et l'instituteur. Diderot insiste sur les vastes dimensions des sites traversés, sur la présence de personnes ou d'éléments naturels en mouvement, mais aussi sur les grandes distances parcourues à pied, les fatigues de l'excursion, la faim et le sommeil qu'elle entraîne, la composition des repas, ainsi que sur diverses sensations éprouvées comme la fraîcheur de l'eau, la brûlure du soleil et la pureté de l'air. Autrement dit, sur tous les aspects qui, précisément, font la différence entre la fréquentation d'un paysage réel et la contemplation d'un paysage peint. Diderot remarque, comme en passant,

■ ■ 11. Denis Diderot, *Ruines et paysages*, t. III., *Salon de 1767*, Paris, Hermann, 1995, p. 174.

que certains détails sont si beaux, si frappants, si justes qu'ils semblent le produit de l'art, comme s'ils avaient été peints par un artiste. Chacun des sites rencontrés provoque chez le promeneur une émotion esthétique violente, à laquelle il dit ne pas trouver d'équivalent dans l'art, sinon peut-être dans les tableaux de Vernet. La promenade s'achève sur un paysage marin traversé dans le clair de lune. Le vocabulaire change et Diderot se met à nouveau, mais avec plus d'insistance, à décrire la scène non plus comme un paysage réel mais comme un tableau. Il s'interrompt alors pour s'adresser au lecteur et lui avouer la supercherie :

> Ce n'est point un port de mer que l'artiste a voulu peindre. Oui, mon ami, *l'artiste*. Mon secret m'est échappé, et il n'est plus temps de recourir après. Entraîné par le charme du *Clair de lune* de Vernet, j'ai oublié que je vous avais fait un conte jusqu'à présent : que je m'étais supposé devant la nature, et l'illusion était bien facile ; et tout à coup je me suis retrouvé de la campagne, au Salon...[12].

Et il continue avec la description du tableau de Vernet. Le ton de Diderot est joueur, ludique, empreint d'une fausse naïveté amusée, alors que celui de Wilde était ironique et provocateur. Mais, dans un cas comme dans l'autre, la confusion feinte entre nature et image suppose un clin d'œil fait au lecteur, une connivence, une sorte de pacte esthétique. Il est clair pour tout le monde que l'image n'est pas la nature et *vice versa*. C'est bien parce qu'on sait distinguer les deux qu'on peut jouer à brouiller les frontières, feindre de transgresser une limite impossible à franchir. Et c'est ce qui fait tout l'intérêt de la transgression paysagère comme modalité de l'imagination dans la réception esthétique, mais aussi comme procédé stylistique ou narratif dans l'invention poétique. S'il n'y avait pas de distinction entre le réel et son image, il n'y aurait rien de spirituel ou d'excitant à faire mine de franchir la limite entre les deux.

Ce jeu de transgression entre image et réalité semble caractéristique d'un certain type d'attitude esthétique face au paysage. La culture paysagère occidentale est travaillée par la tension entre image et nature et la tentation de passer de l'une à l'autre, de prendre l'une pour l'autre, et inversement. On se plaît à se projeter dans des images et à imaginer qu'on les traverse comme on traverserait un paysage réel ; et on se plaît à imaginer que le paysage réel nous offre à voir des tableaux. On peut cependant se demander si cette attitude ne consiste pas à projeter dans le paysage réel les infirmités ou les manques constitutifs de l'image, en le privant de son principal intérêt, la possibilité d'une traversée physique. L'expérience esthétique du paysage réel ne commencerait-elle pas plutôt au moment où l'on cesse de le voir comme une image pour le voir comme un espace à parcourir et littéralement à trans-gresser, au moment où l'on renonce à la fenêtre pour passer plutôt par la porte : la porte de la maison, la portière de la voiture ou les portes de la ville ? Autrement dit, l'expérience esthétique du paysage réel ne gagnerait-elle pas en profondeur si l'on passait d'une transgression opérée sur un mode

■ 12. *Ibid.*, p. 224.

simplement ludique à une transgression entendue au sens littéral du terme, c'est-à-dire à un parcours physique à travers l'espace ?

Certains dispositifs artistiques et certaines modalités de l'expérience esthétique prennent précisément pour objet la tension entre le réel et la représentation, en cherchant à les appréhender simultanément dans un rapport d'enrichissement réciproque, au lieu d'en appréhender un sur le modèle de l'autre. Prenons, à l'époque contemporaine, certaines œuvres de l'artiste de Land Art Nancy Holt, comme les *Sun Tunnels* ou les « *locators* » [13] : ces tunnels fonctionnent à la manière des cadres des représentations picturales ou photographiques, en orientant et circonscrivant la vision du paysage, invitant à le percevoir comme une image. La possibilité de se déplacer et d'expérimenter le paysage tour à tour directement et à travers les tunnels perceptifs proposés par l'artiste éveille l'attention du spectateur à l'écart qui existe entre la chose et l'image, entre le paysage brut et le paysage choisi et fixé par le point de vue de l'artiste. L'œuvre invite à une véritable méditation sur les liens entre réalité et représentation, entre perception immédiate et perception médiatisée, organisée et encadrée par les choix de l'artiste. La démarche de Nancy Holt, comme celles d'autres artistes de Land Art, hérite entre autres de la culture pittoresque élaborée en Angleterre au XVIIIᵉ siècle, qui repose tout entière sur le lien entre paysages réels et paysages représentés. À la différence du sublime, catégorie esthétique exhumée des textes antiques et renouvelée au XVIIIᵉ siècle, l'idée de pittoresque est inventée de toutes pièces. Elle est d'abord mise au point en Angleterre sous le nom de « *picturesque* », puis se propage dans toute l'Europe et reste en vogue jusque dans les premières décennies du XIXᵉ siècle. Le mot anglais « *picturesque* » est formé sur l'adjectif italien « *pittoresco* », qui est employé dès le XVIᵉ siècle pour qualifier la manière nouvelle dont les peintres, à partir de Giorgione et Titien, représentent la nature, à savoir telle qu'ils la voient et non plus telle qu'ils savent qu'elle est, par exemple en peignant les montagnes lointaines comme des masses bleues et non comme des cubes

> **L'idée de pittoresque est inventée de toutes pièces**

jaunes et marron avec des portions de végétation où chaque brin d'herbe est précisément dessiné. À partir de cette référence picturale, les Anglais du XVIIIᵉ siècle élaborent une notion floue et controversée de pittoresque, qui revêt des significations différentes selon les auteurs et dont le sens semble déborder en partie l'origine étymologique. Ainsi William Gilpin, dans son essai « Sur le beau pittoresque » [14], définit-il le pittoresque comme une « qualité propre à fournir un sujet avantageux à la peinture », en raison de son aspect rude, varié, irrégulier et contrasté, par opposition au beau qui est lisse, uni, régulier et net. Uvedale Price en revanche, dans son *Essay on the Picturesque* [15], interprète le pittoresque bien au-delà de la référence picturale : c'est pour

13. Voir Gilles Tiberghien, *Nature, art, paysage*, Arles, Actes Sud, 2001, p. 199-204.
14. William Gilpin, *Trois essais sur le beau pittoresque : sur les voyages pittoresques ; et sur l'art d'esquisser les paysages*, postface de M. Conan, Antony, Moniteur, 2002.
15. Uvedale Price, *Essay on the Picturesque, as compared with the sublime and the beautiful* (1794).

lui un aspect varié, irrégulier et dissymétrique que l'on peut trouver dans divers objets, depuis les tableaux ou les paysages naturels jusqu'aux œuvres musicales. Cela étant, le pittoresque ne désigne pas seulement une propriété intrinsèque de l'objet, mais aussi une façon qu'a le sujet de se rapporter à un objet. Il peut à ce titre qualifier un regard porté sur la nature, un voyage visant à admirer des décors naturels ou encore un guide indiquant les sites admirables et la manière de les admirer – on parle ainsi d'œil pittoresque, de voyage ou itinéraire pittoresque, de guide pittoresque. L'interprétation de cette attitude est, là encore, sujette à flottement. Dans l'ensemble, il s'agit d'une attitude esthétique qui consiste à établir une relation entre peinture et nature et tout l'enjeu est de déterminer en quoi consiste cette relation. Ainsi, pour Richard Payne-Knight[16], c'est une façon de voir l'objet à la manière des peintres, en se concentrant sur des qualités abstraites comme la lumière et la couleur. Le pittoresque est à cet égard une forme possible de ce qu'il nomme « *artificially improved perception* »[17], à savoir une opération subjective de l'imagination consistant à enrichir la perception par des associations d'idées, en l'occurrence des modèles picturaux. Le pittoresque selon Payne-Knight relève donc de la forme « *ut pictura natura* » que l'on a identifiée plus haut et semble le véritable ancêtre du concept d'artialisation mis au point par A. Roger. Si, pour Payne-Knight, le pittoresque n'est qu'une curiosité esthétique parmi d'autres, il est en revanche un objet de passion frénétique pour Gilpin, auteur de plusieurs essais théoriques et guides touristiques consacrés à ce sujet. Pour Gilpin, l'attitude pittoresque suppose une relation entre peinture et nature bien plus ambiguë et moins unilatérale que chez Payne-Knight. Certes, il définit le pittoresque comme une qualité d'un objet (naturel ou artificiel) qui ferait bon effet dans une peinture. Par conséquent, l'attitude pittoresque consiste à rechercher de tels effets dans la nature. Gilpin invite l'amateur de pittoresque à être attentif à l'étagement des différents plans, aux couleurs, aux jeux de lumière et aux encadrements naturels, de manière à retrouver dans la nature des effets similaires à ceux qui sont montrés dans les tableaux du Lorrain ou de Salvator Rosa. Il l'incite également à faire des esquisses des paysages qu'il rencontre et à ne pas hésiter à supprimer ou à déplacer certains éléments si cela est susceptible de produire un meilleur effet, picturalement parlant. Pourtant, cette fascination pour le modèle pictural n'empêche pas Gilpin d'avoir les yeux ouverts sur les paysages mêmes. Au contraire, les références picturales et les esquisses prises sur le vif semblent la condition d'une éducation du regard et du développement d'une plus grande attention au réel. Le pittoresque apparaît dans ses textes comme une incitation à aller à la rencontre des paysages et à la découverte de lieux inconnus. Parmi les plaisirs procurés par le voyage pittoresque, Gilpin cite ainsi l'amusement propre à la poursuite même de l'objet, l'espoir de voir toujours surgir de nouveaux sites pittoresques. Et pour illustrer cette idée il compare l'homme de goût

---

■ 16. R. Payne-Knight, *An Analytical Inquiry into the Principles of Taste*, London, 1805, partie II, chap. 2, § 18 *sq.* Des extraits de cet ouvrage sont traduits en français sous le titre « Recherches analytiques sur les principes du goût » dans Marie-Madeleine Martinet, *Art et Nature en Grande-Bretagne au XVIIIᵉ siècle*, Paris, Aubier-Montaigne, 1980.
■ 17. « Perception artificiellement améliorée ».

qui poursuit les beautés de la nature au chasseur qui poursuit les animaux. Il explique plus loin que les sites naturels procurent, sauf rares exceptions, un plaisir spirituel plus grand que les représentations artistiques. L'attitude pittoresque ainsi conçue ne suppose donc pas de supériorité de la peinture sur la nature, bien au contraire. Et les modèles picturaux sont bien plutôt des instruments au service de l'éducation du regard et un moyen de développer l'attention aux détails de la réalité naturelle. En ce sens, le pittoresque chez Gilpin ne signifie pas que le réel doive imiter la peinture (comme chez Payne-Knight ou, plus tard, dans le cadre d'une interprétation artialisante), mais permet plutôt d'établir une réciprocité entre peinture et réalité, un glissement poétique de l'une à l'autre et *vice versa*, puisque l'on peut passer du modèle pictural à la vision du réel et de ce dernier à l'esquisse. C'est ce que souligne M. Conan dans sa postface aux *Trois Essais* de Gilpin :

> [Le pittoresque] permet des glissements entre la peinture et la nature [et Gilpin] comble par un mot indéfini et contradictoire, le pittoresque, l'impossibilité à rendre compte d'une expérience réelle qui est fondée sur le glissement de la parole à l'image, de la contemplation du dessin ou de la peinture à la découverte de la campagne [18].

Le flottement entre les différents *media* du paysage, ici le *medium* pictural ou graphique et le *medium* naturel ou réel, est constitutif de l'attitude pittoresque. C'est dans ce sens qu'on peut interpréter le pittoresque comme attitude et plus largement comme mouvement culturel. Pour Ch. Hussey, en effet, le Pittoresque révolutionne l'appréciation esthétique des paysages au XVIIIe siècle, permettant d'accomplir la transition entre le Classicisme du XVIIe siècle et le Romantisme du XIXe siècle. Cette révolution est permise par la fusion ou la collaboration de différents arts et pratiques (aussi variés que la peinture, la littérature, le jardinage, la promenade et le voyage) au sein de ce qu'il nomme « un unique art du paysage » [19].

Le pittoresque est donc une attitude esthétique fondée sur une relation entre plusieurs arts ou pratiques esthétiques, sur le glissement possible de l'un à l'autre et en particulier sur le glissement entre réalité et représentation. Si le pittoresque est initialement conçu en référence à un modèle pictural, il n'éloigne pas les spectateurs ou les voyageurs d'une traversée des paysages réels, au contraire, il y incite. Pour Ch. Hussey, l'émergence du pittoresque chez les Anglais est une conséquence directe du Voyage en Italie :

> Non seulement le passage des Alpes et le voyage à travers l'Italie engageaient à tourner son attention vers le décor environnant, mais en Italie le voyageur rencontrait des tableaux de paysages [20].

Le voyage en Italie permet ainsi à l'amateur de pittoresque d'être exposé à la double rencontre des paysages réels (notamment lors du passage des Alpes)

---

18. M. Conan, postface à W. Gilpin, *Trois essais sur le beau pittoresque, op. cit.*
19. Ch. Hussey, *The Picturesque*, New York, G. P. Putnam's Sons, 1927 (ma traduction).
20. *Ibid.*, (ma traduction).

et des peintures de paysage (notamment les peintures romaines du Poussin et du Lorrain, mais aussi les peintures de la Renaissance) dont il peut donc faire la double expérience.

En remontant plusieurs siècles en arrière, au XIVᵉ siècle, c'est justement en Italie que l'on rencontre, dans ce qui est parfois considéré comme le premier paysage de l'histoire de l'art occidental, un dispositif artistique invitant manifestement à une circulation du regard entre paysage réel et paysage représenté. Il s'agit de la fresque d'Ambrogio Lorenzetti, *Allégorie et effets du bon et du mauvais gouvernement sur la ville et sur la campagne* (1338-1340). La fresque[21] se trouve au Palazzo Pubblico de Sienne, dans la Sala della Pace, dont elle recouvre trois des quatre murs. Sur le mur nord est représentée l'allégorie du bon gouvernement ; sur le mur est, les effets du bon gouvernement sur la ville et la campagne ; sur le mur ouest, l'allégorie et les effets du mauvais gouvernement sur la ville et la campagne. Quant au quatrième mur, il est occupé par une fenêtre qui ouvre sur le paysage réel des environs ruraux de Sienne. Comme le souligne Patrick Boucheron[22], le paysage réel de campagne collinaire, visible à travers la fenêtre, est immédiatement encadré par deux représentations de campagnes collinaires, très proches dans le type de paysage, bien qu'idéalisées : « hors-champ » réel de ces deux images idéales, le paysage extérieur est aussi le « lien » qui les unit[23], qui unit le paysage de campagne prospère et pacifiée au paysage de campagne ravagée par les guerres civiles et la mauvaise gestion territoriale. Si la présence d'une fenêtre peut s'expliquer par le besoin d'une source lumineuse pour rendre les fresques visibles, la continuité qu'elle introduit entre paysage réel et paysage représenté ne relève nullement du hasard mais bien d'un choix de la part de l'artiste, un choix de dispositif scénographique relatif à la façon de présenter l'œuvre au public et d'orienter son expérience esthétique. Ce dispositif possède bien sûr une valeur symbolique, dans la mesure où tout le sens de la fresque est d'inviter à une réflexion politique sur les différentes relations possibles entre l'idéal et le réel. Mais il possède aussi une fonction esthétique, dans la mesure où les spectateurs sont invités à opérer un va-et-vient du regard entre le réel et la représentation, voire à circuler physiquement entre le paysage représenté dans la salle et le paysage qui s'étend au dehors. Cette interprétation n'a rien de fantaisiste, elle se fonde sur le contenu de la fresque elle-même, qui représente précisément, sur les murs est et ouest, cette transition ou transgression physique, matérielle, de la ville vers la campagne et de la campagne vers la ville. Les deux pans consacrés aux effets du gouvernement sur la ville et sur la campagne sont structurés autour du point de passage que constitue, aussi bien réellement que symboliquement, la porte de la ville. Dans l'encadrement de la porte du mur est, c'est-à-dire là où le territoire est bien gouverné, des personnages transitent dans les deux sens : des nobles qui sortent à cheval de la ville vers la campagne pour aller chasser et des paysans qui entrent dans la

■ 21. Qui techniquement n'est pas une fresque, c'est-à-dire une peinture murale *a fresco*, mais une peinture murale *a tempera*.
■ 22. Patrick Boucheron, *Conjurer la peur : Sienne, 1338. Essai sur la force politique des images*, Paris, Seuil, 2013.
■ 23. Les deux termes sont de Patrick Boucheron, *ibid*, p. 227.

ville ou qui en sortent avec leurs bêtes chargées de marchandises. Dans l'encadrement de la porte du mur ouest, là où le territoire est ravagé par les guerres et la tyrannie, ce sont des hommes en armes qui sortent de la ville. Après avoir contemplé la fresque et le bout de hors-champ qui se découpe dans l'encadrement de la fenêtre, les spectateurs sont ainsi invités, aussi bien par le dispositif scénographique que par le contenu de la fresque et ce qui apparaît comme l'un de ses enseignements, à se rendre sur la terrasse adjacente pour voir le paysage libéré du cadre de la fenêtre, à la manière des deux petits personnages penchés au-dessus de la balustrade dans *La Vierge au Chancelier Rollin*, à la manière aussi et surtout de leur prédécesseur lorenzettien, ce petit personnage qui apparaît dans un détail du mur est de la fresque, près d'un moulin, appuyé sur un muret qui surplombe la rivière, à contempler le paysage qui se déploie devant lui. Peut-être même sommes-nous invités, à la manière cette fois des nobles et des paysans sortant des portes de la ville, à sortir du palais pour nous engager dans les rues en direction du sud-est et de la Porta Romana et, à mesure que nous quittons la ville, à entrer progressivement dans le paysage de la campagne environnante, une campagne devenue désormais très périurbaine, mais que l'on peut imaginer bien plus rurale et proche du paysage représenté dans la fresque à l'époque où cette dernière fut réalisée. Bien avant les réalisations contemporaines du Land Art et bien avant les voyages pittoresques des Européens du XVIIIe siècle, avant encore l'apparition de ces « fenêtres flamandes » aux arrière-plans des tableaux du XVe siècle, on trouve donc représentée, sous la forme de ce que l'on pourrait baptiser la « porte siennoise », une invitation à la transgression paysagère, au double sens d'un passage de frontière et d'un parcours effectif du paysage réel.

Justine Balibar
Docteure en philosophie
Membre du Centre Victor Bash (Université Paris-Sorbonne)

Le paysage

MANET, MARIN, MARINES

Stéphane Guégan

Elles composent près d'un dixième du corpus d'Édouard Manet (1832-1883), ces marines où il n'eut pas d'égal, passant de l'hédonisme apparent au politique caractérisé. De ce genre alors lucratif, le peintre aura exploré et redéfini toutes les composantes sans jamais oublier les attentes du marché et les appels de l'histoire contemporaine. Le moment de leur réalisation coïncide avec l'essor des loisirs balnéaires, la modernisation des principaux ports de France et la crise de la culture postromantique. L'œuvre de Manet, ancien pilotin converti aux pinceaux, s'inscrit à la croisée des forces qui entraînent le siècle et sa peinture vers la désublimation heureuse ou grinçante d'un des grands viviers de l'imaginaire occidental.

À suivre la chronologie qu'Alain Corbin fixe à son « territoire du vide », Édouard Manet (1832-1883), marin devenu peintre, participa pleinement de l'ère du balnéaire et des rivages aimables, comme de leur promotion touristique. Bien que l'historien des « manières de sentir » ait préféré refermer son panorama célèbre au moment où le chemin de fer britannique, vers 1840, commence à déverser hebdomadairement son lot de plagistes sur les côtes du pays, et quoique le grand livre de 1988 ne s'aventure par au-delà de Turner en matière picturale, tout semble y annoncer ce dont l'art français, photographie incluse, devient l'espace et la vitrine sous le Second Empire. Les arguments de Corbin sont désormais bien connus : après avoir été un durable objet de craintes et de répulsions, les mers et océans se chargent au XVIIIe siècle d'une positivité nouvelle, qui tranche sur l'héritage biblique et les préventions médicales de l'ancien monde. Ce que Corbin nomme « le récipient abyssal des débris du Déluge », en se fondant sur *La Genèse* et son étiologie des marges dangereuses de la Création, s'est longtemps conjugué à « la hantise de l'infection inscrite dans la tradition néo-hippocratique »[1]. La force de cette double hypothèque fut telle qu'elle désactiva, tout au long de l'âge chrétien, d'autres héritages venus de l'Antiquité, qui associaient la Méditerranée à une érotique du bain et à un bonheur proprement terrestre. À mesure que la navigation commerciale élargit la domination des hommes sur les mers, les terreurs ancestrales perdirent une partie de leur emprise sur les esprits et le monde des images. Ce dernier voit naître, avant 1600, un genre nouveau, sous la double invocation des valeurs chrétiennes et des douceurs virgiliennes : « La peinture de marine flamande puis hollandaise se construit sur cette symbolique, écrit Corbin ; les vagues y figurant la fragilité et la précarité des institutions humaines, elles attestent la nécessité de la foi en Dieu »[2].

Les marines du XVIIe siècle s'ouvriront donc alternativement ou ensemble à tous les harmoniques de la mer. Le nouveau savoir propre aux Lumières devait toutefois conditionner une évolution des comportements et des représentations, de même que l'essor de la théologie naturelle et sa valorisation du divin à travers le spectacle d'un monde élargi à ses zones jadis discréditées. Tandis qu'on commence à chanter les vertus thérapeutiques de l'air et de l'élément marins, deux mots, deux concepts vont progressivement encadrer sa traduction visuelle, le pittoresque et le sublime, selon que l'image peinte conforte un rapport heureux au littoral ou stimule le plaisir équivoque de jouir de ce que l'autre monde conserve de sauvage et d'inhumain. Au-delà de cette polarité commode, toutefois, que sait-on de la peinture de marine, de sa pratique au XIXe siècle, en sa composante française ? Il est vrai que cette histoire-là n'a pas été écrite[3]. Si l'étude de la marine n'a pas trouvé sa vraie place dans l'histoire de l'art, une des raisons tient à son être même, mal identifié, comme si l'infini marin contaminait la catégorie qui en découle. À l'indéfinition inhérente aux genres dits inférieurs de la hiérarchie académique propre au XV-XVIIIe siècles devait s'ajouter, après 1800, les effets de l'érosion du système en son entier. Manet s'y associera de façon décisive.

Le poids du politique

La vocation initiale de la marine est loin de s'épuiser dans la poésie aventureuse ou mélancolique des tableaux ensoleillés ou enténébrés de Claude Lorrain. En France, son développement fut d'abord conditionné par l'histoire de la navigation commerciale et militaire. C'est, avant l'essor des loisirs modernes, l'évidence. De l'époque de Colbert à la fin du règne de Louis XV, la grande peinture cherche moins à traduire l'expérience de la mer, l'altérité fondamentale où elle nous plonge, qu'elle n'exalte la puissance royale à travers la grandeur des ports hexagonaux et le panache des bâtiments sortis de nos arsenaux. Est-il plus beau symbole de cette collusion que les tableaux que la Couronne commanda, en 1753, à Joseph Vernet (1714-1789) ? Le journal

---

■ 1. Alain Corbin, *Le Territoire du vide. L'Occident et le désir de rivage*, Paris, Flammarion, « Champs Histoire », 1990 (1988), p. 11 et 16.

■ 2. *Ibid.*, p. 20.

■ 3. Voir John Zarobell, « Marine Painting in Mid-Nineteenth-Century France », dans Juliet Wilson-Bareau et David Degener (dir.), *Manet and the Sea*, Chicago-Philadelphie-Amsterdam, Yale University Press, 2003-2004, p. 17.

des décisions de Louis XV, cette année-là, enregistre son désir de lui faire peindre « tous les ports de France ». Les motivations qui animaient le Roi et son gouvernement étaient au moins doubles, faire connaître les limites du pays à l'ensemble des Français, conforter ainsi leur unité autour de la politique du royaume, et exalter le commerce extérieur, largement tributaire des Antilles françaises, Saint-Domingue en tête. On ne s'étonnera pas que Vernet, chargé de vingt-quatre toiles panoramiques à réaliser, ait peint Bordeaux, La Rochelle et Rochefort parmi les quinze tableaux qu'il réalisa. Aux ports de la Traite répondaient ceux de la façade méditerranéenne, Marseille comme Toulon, tournés vers les Barbaresques et l'Orient. Bien qu'incomplète, la série marquera les esprits à jamais.

À la grande ombre de Vernet, au souvenir de la France antérieure à la Guerre de sept ans, la rupture révolutionnaire combine son patriotisme propre. Elle va donner un second souffle à l'imagerie héroïque des villes côtières et des batailles navales. Un Louis-Philippe Crépin (1772-1851) passe des unes aux autres à partir de 1796 et ses premières participations au Salon. Il se forma auprès de Vernet et bénéficia des faveurs de Bonaparte, puis de Napoléon Ier, très soucieux de sa flotte, indépendamment de son plan d'invasion de l'Angleterre depuis Boulogne-sur-Mer, et donc attentif à ce que la peinture contemporaine témoigne de son ambition navale. Ces tableaux, souvent centrés sur le choc des Français et des Britanniques, pénètrent, une fois gravés, un public plus large que celui du Salon et des palais officiels. Crépin, peintre de Trafalgar et de batailles aux issues moins malheureuses, prêta ses pinceaux aux régimes suivants, pareillement conscients de leur impact. La Monarchie de juillet fit de lui l'un des deux peintres attitrés du ministère de la Marine, alors que le château de Versailles, devenu le palais de toutes les gloires de France sous Louis-Philippe Ier, suscite une demande continue en tableaux nationaux. Durant ses années de collège, le jeune Manet, né en 1832, a nécessairement été conduit à Versailles, comme Baudelaire avant lui.

Sous le Second Empire, la marine française constitue une priorité pour Napoléon III. Les ports de Cherbourg, Brest, Lorient et Rochefort sont ainsi modernisés. Ce vaste programme économique et militaire fut largement relayé par la presse. *L'Illustration*, pour ne prendre que cet exemple, lui dédia une série d'articles et autant, ne l'oublions pas, d'images. En août 1858, quand le nouveau port de Cherbourg fut inauguré en présence de la Reine Victoria, Théophile Gautier, plume du *Moniteur Universel*, insista sur le sublime d'un port rattrapé par les innovations du fer et la poésie de la vapeur. C'était pousser les spécialistes du genre, d'Isabey à Morel-Fatio, à oser l'alliance entre le monde industriel et la peinture de circonstance. J'ai toujours pensé que l'hostilité de Manet envers le Second empire ne l'avait jamais empêché d'en rejoindre certains aspects. Rejeter les excès d'un système politique, à raison des règles démocratiques qu'il heurte, n'a pas poussé le peintre à tout rejeter des grandes réalisations du régime... Issu des couches supérieures de la bourgeoisie républicaine, fils de haut magistrat, le jeune Édouard avait

La grande peinture [...] exalte la puissance royale

aussi hérité, à seize ans, du grand élan de 1848. Manet en tire avantage, du reste, dès la fin de l'année et l'élection de Louis-Napoléon Bonaparte, qui inquiéta son cercle familial. Le 10 octobre 1848, en effet, une loi modifiait le concours d'entrée des officiers de la marine nationale. Manet y avait échoué en juillet, au lendemain de juin 1848. Afin de s'y représenter, il saisit la possibilité que la République lui offre : en s'embarquant sur un navire de la marine marchande en partance pour l'hémisphère sud, on était autorisé, cette croisière de formation faite, à concourir une seconde fois [4].

De fait, l'adolescent suivait le destin des peintres qui avaient été d'abord pilotins ou officiers. L'enchaînement des choix se lit à travers les lettres que le moussaillon expédia aux siens au cours de son baptême de mer. Elles sont d'un jeune homme qui montre de vraies aptitudes à exprimer sensations et opinions, et s'interroge sur la meilleure manière de rendre compte de son expérience de marin. De plus, la traversée lui donna maintes occasions de manifester ses talents de dessinateur auprès des officiers et de l'équipage, ils contribueront plus tard à convaincre le père de Manet, qui souhaitait à son aîné une position plus solide dans la vie. Ces dessins ne nous sont pas parvenus, mais ils ont bien existé. Restent donc les lettres, pleines des sautes d'humeur de tout marin confronté aux aléas de la navigation en ces mers... Parti à la mi-décembre 1848, le *Havre et Guadeloupe* fit route vers le Brésil. Les colères de l'océan donnent lieu à des descriptions destinées à hanter la mémoire du peintre :

> Le temps est devenu affreux ; on ne peut pas se figurer la mer quand on ne l'a pas vue agitée comme nous l'avons vue, on ne se fait pas une idée de ces montagnes d'eau qui vous entourent et qui couvrent tout d'un coup le navire presque tout entier, de ce vent qui fait siffler les cordages et qui est quelques fois tellement fort qu'on est obligé de serrer toutes les voiles [5].

D'un atelier l'autre

La rade de Rio sera atteinte en février 1849, Rio où l'attend un monde encore déterminé par l'esclavage des Noirs d'Afrique que la République française vient définitivement d'abolir. Manet a des mots durs sur l'infâme trafic qui s'y perpétue :

> Dans ce pays tous les nègres sont esclaves ; tous ces malheureux ont l'air abruti ; le pouvoir qu'ont sur eux les blancs est extraordinaire ; j'ai vu un marché d'esclaves, c'est un spectacle assez révoltant pour nous ; les nègres ont pour costume un pantalon, quelques fois une vareuse en toile, mais il ne leur est pas permis comme esclaves de porter des souliers. Les négresses sont pour la plupart nues jusqu'à la ceinture, quelques-unes ont un foulard attaché au cou et tombant sur la poitrine, elles sont généralement laides, cependant j'en ai vu d'assez jolies ; [...] Les unes se font des turbans, les autres arrangent très

■ 4. Voir Juliet Wilson-Bareau et David Degener, *Manet and the Sea, op. cit.*, p. 55-57.
■ 5. Manet à sa mère, vendredi 22 décembre 1848, cité d'ap. Juliet Wilson-Bareau, *Manet par lui-même. Correspondances et conversations*, Paris, Atlas, 1991, p. 18.

artistement leurs cheveux crépus et elles portent presque toutes des jupons ornés de monstrueux volants[6].

On comprend déjà pourquoi l'univers marin ne lui semblera jamais relever des plaisirs innocents. À son retour, et après avoir renoncé à la carrière d'officier de marine, il se fait admettre dans l'atelier de Thomas Couture, où il restera près de sept ans (1849-1856). Auprès de cet héritier de Gros et de Géricault, aux côtés de cet ami de Michelet et de ce bénéficiaire de commandes sous la IIᵉ République, Manet apprend un métier et entretient une conscience politique. Aussi certains propos rapportés plus tard, tout en confirmant l'impact de ses mois de navigation, minorent-ils inversement les conséquences de sa formation :

> Ce n'est pas à l'école [Couture] que j'ai appris à construire un tableau. [...] Mais j'ai appris beaucoup durant mon voyage au Brésil. Combien de nuits j'ai passées à regarder, dans le sillage du navire, les jeux d'ombre et de lumière ! Pendant le jour, du pont supérieur, je ne quittais pas des yeux la ligne d'horizon. Voilà qui m'a révélé la façon d'établir un ciel[7].

D'autres témoignages, ceux de Charles Cros et Antonin Proust, confirment toutefois l'attachement de l'artiste à ses expériences maritimes de jeunesse.

Autre fait d'importance, le moment où Manet rejoint Couture marque un tournant significatif dans l'histoire du Louvre. Conduit par Frédéric Villot, conservateur en chef du département des peintures, il se traduit par la valorisation des « peintres de Diderot » au détriment des « davidiens » de la génération suivante. Joseph Vernet reçut alors une attention particulière, et notamment ses *Ports de France*. Manet et sa génération ne seront pas indifférents à cette réhabilitation. À ce propos, James Kearns note que les hommes de 1848 soulignèrent le rôle de Vernet dans le renforcement du sentiment national qu'accompagne la restauration de la République[8]. En réalité, une très haute valeur patriotique avait toujours été attachée à ces marines. Après Waterloo, elles avaient été transférées du Palais du Luxembourg au Louvre après que celui-ci eut été vidé des peintures restituées aux vainqueurs. Mais elles n'avaient jamais été traitées ainsi avant 1848. Les *Ports de France*, au Louvre, se groupaient autour du buste de Vernet, sculpture de François Bosio. Aussi expressif et vivant qu'un Houdon, il donnait aux visiteurs de 1848 l'impression d'un peintre déterminé à capter à la fois le réel et l'attention du public. En 1864, et alors que Manet commence à peindre ses premières marines, Vernet fera l'objet d'une première monographie scientifique[9]. C'est une date à double titre : son auteur, Léon Lagrange, fait de Vernet l'un des pères de l'école moderne de paysage et de marine, l'inventeur d'une peinture de lumière et d'atmosphère, plus phénoménologique qu'idéalisée sur le

■ 6. Manet à sa mère, 5 février 1849, cité d'ap. J. Wilson-Bareau, *Manet par lui-même. Correspondances et conversations, op. cit.*, p. 23.
■ 7. Propos rapportés par Charles Toché, cités d'ap. *ibid.*, p. 26.
■ 8. Voir James Kearns, « From Store to Museum : The Reorganization of the Louvre's Painting Collections in 1848 », *The Modern Language Review*, janvier 2007, vol. 102, n° 1, p. 58-73.
■ 9. Léon Lagrange, *Joseph Vernet et la peinture au XVIIIᵉ siècle*, Paris, Didier Éditeur, 1864.

mode de la pastorale classique. Dans l'étude de la nature, selon Lagrange, Vernet aura introduit une approche plus empirique. Son traitement de la lumière est dit supérieur à celui des toiles de Claude Lorrain : Vernet savait représenter le flou de l'air et de l'eau. Au sujet des *Ports de France*, certains des commentaires de Lagrange ont dû marquer les esprits, notamment quand il établit un lien entre la floraison de la peinture française de marine et le pouvoir maritime national. Un autre passage de son livre qui ne put laisser indifférents les contemporains de Lagrange concerne la décision prise par Vernet d'interrompre sa série. Le peintre de Louis XV n'a pas fait mystère de l'épuisement que lui causa le processus très fastidieux imposé par chaque vue portuaire. De plus les temps avaient changé depuis la fin de la guerre de sept ans. On sait que l'itinéraire initial de Vernet devait inclure des sites aussi importants que les ports du Havre et de Calais. À dire vrai, ils comptent parmi ceux que Monet et Manet feront entrer dans leur peinture des années 1860-1870.

Monet et Manet se pensaient eux-mêmes comme les vrais héritiers de l'esthétique du XVIIIe siècle, esthétiquement et, surtout le second, patriotiquement. La première copie que le jeune élève de Couture ait peinte au Louvre – nous sommes en 1852 –, il porta son choix sur *Le Bain de Diane* de Boucher. Et *Le Déjeuner sur l'herbe*, pour italien qu'il soit par ses références insistantes à Raphaël, Titien et Véronèse, impose en 1863 une autre définition du nu et de la peinture d'histoire en substituant la souveraineté de la disgrâce au premier et la fiction de l'ordinaire à la seconde. Un an plus tard, année de bascule décidément, s'inaugure donc la quarantaine de marines de Manet que l'histoire de l'art a recensées. Chiffre significatif, il confirme l'effort continu que le peintre déploya à renouveler le genre en le débarrassant de ses facilités narratives et, pour paraphraser Georges Bataille, de l'éloquence des fins usuelles. L'écrivain, en 1955, identifiait la « nouveauté » de cette peinture à ce qu'il nommait « la déception de l'attente » dans l'effet d'une réalité en partie opaque à la lecture immédiate[10]. N'est-il pas significatif que la première marine conséquente de Manet ait absorbé les visées de la peinture d'histoire ? Manet, d'emblée, articule à l'actualité politique une organisation du champ pictural qui inverse ce que les experts du genre observent scolairement. Au printemps 1864, de fait, la guerre de Sécession avait surgi, contre toute attente, et de façon fracassante, au large de Cherbourg. Vers la mi-juillet, le tableau de Manet, *Le Combat du Kearsarge et de l'Alabama* (Philadelphia Museum of Art), était prêt à être exposé chez le marchand Cadart, rue de Richelieu... Grande toile aux accents néerlandais, malgré sa perspective très japonaise et le souvenir qui y traîne des marines de Delacroix, elle mêle notations empiriques et aura de fiction, le réalisme de Manet s'étant détaché très tôt de celui de Courbet par le désir de priver le spectateur de tout accès à la simple traduction d'une expérience partagée, à l'illusion d'une transposition empathique. Loin d'avoir assisté à la scène décrite, du reste, le peintre s'était nourri des articles et illustrations de presse.

■ 10. Georges Bataille, *Manet*, Genève, Skira, 1955, réédition Skira, 1994, p. 72.

Depuis la plage

Dans la mesure où Napoléon III soutenait la cause des confédérés, ses adversaires républicains celle du Nord, l'événement fut de longue portée. Manet, avec une fausse impersonnalité toute flaubertienne, montre la victoire d'une corvette de l'Union, *Le Kearsarge*, sur *L'Alabama*, bâtiment sudiste. Lors du Salon de 1872, où le communard Courbet fut interdit de cité, Manet, très affecté par « l'année terrible », devait réexposer le tableau de 1864 et lui conférer une portée politique renouvelée. « C'est une sensation de nature et de paysage [...] très simple et très puissante, écrivit alors Barbey d'Aurevilly. Très grand – cela – d'exécution et d'idée ! »[11]. Pour parvenir à cette illimitation de l'élément marin, Manet avait inversé les codes, dramatisant la mer mais décentrant le combat lui-même. Comme la radiographie du tableau de Philadelphie l'a montré, il accusa en cours d'exécution le vide du premier plan en supprimant à droite la présence d'un autre bateau de secours et un canot à rames, lequel fut remplacé par la silhouette à peine perceptible d'un homme se hissant sur une pièce de bois flottante. Dès le 3 juillet 1864, Henri Durand-Brager (1814-1879), un spécialiste du genre, avait exposé sa propre version du même combat naval, chez le marchand Goupil, 12 bd Montmartre. Très convenue, avec son sujet centré et sa mer dominée, la toile diffère en tout du tableau de Manet et en confirme la nouveauté radicale.

Ce même été 1864 n'allait pas se terminer sans que Manet et les siens se transportassent à Boulogne-sur-Mer. L'un des sites touristiques les plus courus du Pas-de-Calais, Boulogne était aussi un lieu chargé d'histoire, marqué par les projets d'invasion de l'Angleterre sous Napoléon Ier et sa vigueur économique sous Napoléon III. Le train y aboutit dès 1848 et la famille Manet y eut, semble-t-il, ses habitudes dès avant. À dire vrai, on en recommandait le séjour depuis la fin du XVIIIe siècle. Un nouvel établissement de bains de mer, que Manet fréquenta, y avait été inauguré en juin 1863, ce dont la presse des deux côtés de la Manche se fit l'écho. Mais la peinture ne suffit pas à calmer le sentiment du manque que créent les loisirs. Au graveur Félix Bracquemond, Manet écrit, vers le 15 juillet 1864 :

> Quoique je me trouve très bien de mes bains de mer, nos discussions sur le grand art me manquent, et puis il n'y a pas de Café de Bade ici. J'ai déjà fait quelques études de pleine mer avec petits bateaux. Je suis allé dimanche visiter le *Kearsarge*, qui était en rade de Boulogne. J'en rapporterai une étude. Si vous savez quelque chose de nouveau, écrivez-moi. Je suis friand de nouvelles : notre ami Baudelaire est-il de retour à Paris[12] ?

Le peintre croque ainsi à l'aquarelle le *Kearsarge* et réalise plusieurs marines à l'huile dominées par une mer émeraude et animées de bateaux divers, réduits parfois à de simples signes, la fugitivité de la vision s'accréditant du refus de la description. Les plus minimales ne sont pas les moins intenses, comme si

---

11. Nous citons d'après le catalogue d'exposition *Manet*, Paris, Galeries nationales du Grand Palais, 1983, p. 219-221.

12. Manet à Bracquemond, mi-juillet 1864, cité d'ap. Juliet Wilson-Bareau, *Manet par lui-même. Correspondances et conversations*, op. cit., p. 31.

elles avaient été peintes dans le mouvement d'une sortie en mer dont Manet a traduit la dynamique et presque les embruns.

On note aussi un usage presque constant de l'horizon surélevé et la forte présence du drapeau français flottant au mât des bateaux secoués par la houle. L'un des tableaux préparés durant la villégiature de 1864, *Vapeur quittant Boulogne* (Chicago, The Art Institute), sous ses airs d'instantané innocent, oppose le souffle des voiles à l'air chaud des cheminées ; il nous rappelle que la modernité de Manet et Baudelaire enregistre aussi les pertes qui la constituent. De même que le « vieux Paris » est en passe de ne plus être, au dire du poète, une certaine nostalgie pour l'ancienne marine circule, en effet, dans certaines peintures de Manet, fantômes d'un monde qui a débuté son effacement. Quelques-unes, d'une beauté sobre, seront présentées chez Martinet dès 1865, preuve que leur potentiel commercial entrait bien en ligne de compte. Lors de la rétrospective que le peintre organisera lui-même en marge de l'Exposition Universelle de 1867, trois seront présentes également. Un an plus tard, Manet retourne à Boulogne. Le séjour de 1868 est bien mieux documenté grâce à deux carnets de notes, un carnet de poche et un carnet de plus grandes dimensions[13]. Entre les deux séjours de Boulogne, bien des événements sont intervenus, le scandale d'*Olympia* en 1865, les deux tableaux refusés par le jury du Salon de 1866 et la censure politique de *L'Exécution de Maximilien*, peinture et estampe. Du reste, dans la lettre qu'il adresse à Fantin-Latour, depuis Boulogne, le 26 août 1868, Manet confirme qu'il n'a pas l'intention de se lancer dans un tableau de grand format et qu'il veut simplement « gagner de l'argent » et tenter sa chance en Angleterre, son pays le traitant si mal. Il ne se trompait qu'à moitié. La stratégie allait, en effet, se montrer payante : cinq des vingt-quatre peintures que le marchand Durand-Ruel lui achètera en janvier 1872 sont des marines, dont *Le Combat naval* de 1864. En mars 1873, de plus, le marchand fera l'acquisition de cinq autres marines dont la récente *Vue de Hollande* (Philadelphia Museum of Art).

La production de 1868, si l'on y revient, intègre parfaitement l'horizon commercial à ses choix plastiques au-delà de leur radicalité. Le premier, bijou du musée de Richmond (Virginia Museum of Fine Arts), *Sur la plage de Boulogne* est à considérer dans la lumière d'Eugène Boudin, inventeur d'un genre, le papotage mondain sur le sable[14]. Sa *Plage à Trouville* souleva un certain succès au Salon de 1865, où éclata le scandale d'*Olympia*. On y note l'absence de la mer et la prégnance des groupes, d'ailleurs élégamment flottantes, de la sociabilité balnéaire. Paris, d'une certaine manière, se reconstitue en vacances. Riche de cinq mille individus, la population de Trouville se multipliait par cinq durant l'été. Boudin, en son tableau du Salon de 1865, peint un groupe distant, sans rien qui puisse nous renseigner sur la conversation et les sentiments de ceux qui la partagent. Seule présence narrative, l'homme à gauche est légèrement séparé des autres vacanciers. Mais que cherche-t-il ? Du reste, la presse n'en demandait pas tant, qui insista sur

---

13. Voir J. Wilson-Bareau et D. Degener, *Manet and the Sea*, op. cit., p. 67-73.
14. Voir John House (dir.), *Impressionists by the Sea*, London, The Royal Academy of Arts, 2007. Juliet Wilson-Bareau (*Manet par lui-même. Correspondances et conversations*, op. cit., p. 141) fut la première à proposer la date de 1868.

le bouquet frais et joyeux des toilettes, à l'ombre des cabines. *Sur la plage de Boulogne* organise, lui, un double spectacle, l'un s'emboîtant dans l'autre. Il y a donc la mer et tous les types d'embarcations, il y a la plage où des oisifs très typés ne forment pas groupe, sont même plus isolés que chez Boudin. Seul l'homme à l'ombrelle, à droite, chez Manet, semble faire écho à *Plage à Trouville*. Pas de liens interpersonnels, ni d'espace unifié : le présent balnéaire se donne comme le produit de rencontres et d'aperçus disjoints. Du reste, comme l'attestent les dessins préparatoires, si l'œuvre vise à l'impression fugitive, les marines résultent d'un processus très médité... Les femmes sont associées aux enfants, l'homme au parasol est seul, c'est la figure la plus éminente. Tableau sur la vision sans objet prémédité comme forme de l'oisiveté moderne, il nous oblige à regarder une foule regardante en sa réflexivité parfaite. Mais l'acte de voir ne constitue qu'en partie le sujet du tableau, il a pour contrepoint l'infini de l'horizon. Le vide et son magnétisme, d'un côté ; le frisson et ses dangers, de l'autre. Manet n'agit jamais en paysagiste, la figure humaine reste l'élément structurant de ce qu'il veut dire en peinture et de sa façon de construire le tableau. Entre la cabine roulante et l'âne de location, tout un monde s'égrène sur la partition japonisante de la plage. Jean Clay a identifié ici une spatialisation de portée musicale, faussement aléatoire, d'un humour certain. Le couple incongru d'un jeune séminariste et d'une jeune fille aux jumelles concentre cet esprit frondeur.

Retour du politique

Mais il est alors des peintures moins ludiques que patriotiques : *La vue de Calais* (coll. part.), qu'on a rapprochée plus haut de l'exemple de Joseph Vernet, dénote ainsi une insistance sur les trois couleurs nationales. Là encore, la magique impression d'un instantané ne vient pas du brouillage des formes mais de leur traitement audacieux et de la luminosité précieuse de l'élément marin. On sent directement l'influence de Claude Lorrain et l'héritage de Vernet. L'image du bateau pavoisé conduit notre attention vers la ville, elle aussi chargée d'histoire, avec ses bâtiments civils et religieux, tous emprunts d'une sensation de permanence et de force. Calais, dont la guerre de Cent ans lestait le passé, dominait alors les échanges désormais commerciaux et touristiques entre la France et l'Angleterre. La présence du drapeau français, pour être discret, montre que Manet se félicitait probablement de la renaissance de la marine française et de ce port que Joseph Vernet, rappelons-le, renonça à immortaliser. Pendant possible de la vue de Calais, *Clair de lune sur le port de Boulogne* (Orsay), sous un titre apocryphe qui convient mal à sa note endeuillée, confirme l'ouverture de la peinture de Manet à une dimension sociale qui, le plus souvent, est moins caractérisée et moins perceptible. En attente de leurs maris partis en mer, un groupe de femmes, serrées les unes contre les autres, mobilisent potentiellement la compassion du spectateur, laquelle contaminait alors la peinture de genre la plus larmoyante. Le tableau d'Orsay offre donc un bon exemple du « glissement » théorisé par le *Manet* de Bataille en 1955 : le récit pictural, sans ignorer la réalité de ce qu'il montre, l'en libère du pathos et de « la signification prêtée »[15]. Inspirée par les nocturnes du XVIIᵉ siècle flamand et hollandais (l'artiste possédait un *Clair de lune* d'Aernout van der Neer), l'œuvre n'en constitue pas moins l'antithèse. La facture est lâche, la nuit magnétique, et l'angoisse des femmes froidement observée au regard de l'imagerie lacrymale. Cette poésie amère, ce non-dit, François Cachin, en 1983, avait raison de les rapprocher des nouvelles d'Edgar Poe, anti-oratoires et frémissantes de sous-entendus, dont Manet et Baudelaire raffolaient[16].

Une époque, celle du Second Empire prospère et triomphant, se refermait… La guerre franco-prussienne et la Commune ouvrent bientôt une béance inguérissable dans l'œuvre et la vie de Manet. Le peintre aura combattu lors de la première et témoigné, au sujet de la seconde, de ses élans et de ses profondes réticences à égalité. Ainsi la répression des insurgés, lors de la Semaine sanglante qu'il observa à distance, le remplit d'horreur et d'indignation. Fin février 1871, abandonnant l'uniforme de la garde nationale et de l'artilleur qu'il revêtit successivement durant le Siège, Manet avait rejoint, en effet, sa famille à Arcachon. Son frère cadet, le gambettiste Gustave décide alors de rester et de rester actif, croyant encore possible une réconciliation entre la radicalité des républicains patriotes, retranchés dans Paris après l'amnistie, et leurs adversaires emmenés par Thiers. Entre mars et avril, le peintre séjourne à Bordeaux, assiste avec dégoût, au moins une fois, aux délibérations de l'assemblée nationale qui s'était volontairement éloignée de la capitale. La correspondance de Manet ne fait aucun mystère de ses positions et détestations politiques. Il finit même par peindre le sujet bordelais que son frère Gustave préconisait dans une lettre du 2 mars[17]. Mais ce n'est pas l'Assemblée honnie qu'il représente, préconisée par le frère d'Édouard, c'est le port et ses activités, en référence directe aux deux vues de la ville et des quais de Joseph Vernet, décidément incontournables. Ce tableau superbement mauve (coll. part.), presque éteint malgré les rouges qu'une récente restauration a ranimés, ne respire pas l'euphorie, il frappe par ses accents d'incertitude et de trouble. Manet voulut l'offrir à Gambetta qui, dit-on, le refusa et lui préféra *L'Alsacienne* de Henner, un tableau sentimental et aussi net que la frontière qui nous séparait des deux provinces sacrifiées aux appétits de Bismarck! Le tableau de Manet, lui, avait le défaut de ne pas être oublieux du double naufrage, une guerre perdue, une guerre civile dont l'issue s'annonçait déjà tragique. Tout un symbole donc que cette reprise d'activité, dénue de toute euphorie excessive, sur les bords de la Garonne! *Le Port de Bordeaux* est censé avoir été peint depuis le Quai des Chartrons, centre géométrique du commerce du vin tel qu'il s'était organisé à travers les siècles. Mais, à rebours de la vue de Calais évoquée plus haut, nul drapeau tricolore ne vibre dans l'air comme assourdi et pesant du port. Certes, il faut opposer à cette vision industrieuse du pays le flux d'images tristes qui emplissaient la presse de l'époque. Par exemple, *L'Illustration* débordait de

15. Georges Bataille, *Manet, op. cit.*, p. 79.
16. Voir le catalogue d'exposition *Manet, op. cit.*, p. 310-312.
17. Gustave Manet à sa mère, 2 mars 1871, voir Édouard Manet, *Correspondance du siège de Paris et de la Commune 1870-1871*, textes réunis et présentés par Samuel Rodary, Paris, L'Échoppe, 2014, p. 121.

ruines sinistres, églises alsaciennes et environs de Paris. Malgré tout, il n'y a pas lieu, selon nous, d'interpréter la présence de la cathédrale Saint André et de ses deux flèches, à l'horizon du tableau de Manet, comme le symbole d'un État répressif. Manet, sensible à l'imaginaire et l'éthique chrétiens, en fait plutôt une présence réconfortante, au-dessus des partis.

Il saura dire bientôt son fait à l'ordre moral sous la présidence du maréchal Mac Mahon. Au sortir de « l'année terrible », Manet ne pratiquera plus guère la marine. *Sur la plage* (Orsay), centré sur le silence obstiné d'un couple aux corps opposés, est un tableau lourd de tensions, qui fait de la mer, au loin, minimisée, une présence à peine roborative. Il atteste sans doute, en 1873, que le trauma de 1870-1871, pour le dire comme Jules Ferry, n'est pas encore derrière le peintre et les protagonistes du tableau d'Orsay. Toutefois, l'arrivée des radicaux au pouvoir, à la suite de l'élection de Jules Grévy, marqua, début 1879, un véritable tournant, que l'œuvre de Manet va prendre aussitôt en compte et en charge. Il découle de cette rupture politique, dès l'année suivante, l'instauration de la fête nationale du 14 juillet et l'amnistie des Communards. Henri Rochefort, farouche opposant de Napoléon III, avait été condamné en 1871 et envoyé au bagne de Nouvelle-Calédonie, il s'en échappa dès 1874, rejoignit Londres et patienta en terre étrangère. Dès sa rentrée parisienne, en 1880, Manet lui fit savoir son intention de peindre l'évasion que le réfractaire avait racontée dans un livre très lu. Le peintre et graveur Marcelin Desboutins, qui servit d'intermédiaire, fait le lien entre les deux marines qui bordent la carrière du peintre : « La proposition a été accueillie avec enthousiasme. La perspective d'une mer à *L'Alabama* a tout emporté !! »[18]. Comme le dira Claude Monet, après une visite de l'atelier de son aîné, *L'Évasion de Rochefort* se voulait autant un tableau d'histoire qu'un « tableau à sensation » en vue du Salon de 1883… Regroupant ses dernières forces avant de mourir, Manet se décida à croiser le romanesque de l'océan et la blessure politique comme les grands romantiques s'y étaient employés avant lui. Jeune, il avait copié *La Barque de Dante* de Delacroix, comprenant que ce dernier y avait conjugué proscription et éléments marins « en colère »[19]. Après un portrait effervescent de Rochefort, empreint de fermeté et de nostalgie (Hambourg), Manet entreprit donc son *Radeau de la Méduse* et sa *Barque de Dante*. La grande toile inachevée de Zurich est celle qu'il destinait au Salon et que sa mort ne lui permit pas d'achever. Bien que le groupe des évadés y soit vu en gros plan, la mer continue à parler et communiquer une valeur de fiction à l'histoire qu'elle enregistre sans lyrisme inutile. En revanche, inversant les échelles et les données de la toile de Zurich, la petite version d'Orsay projette davantage le destin des aventuriers dans l'immensité de l'océan que

> **Il saura dire bientôt son fait à l'ordre moral**

18. Voir Éric Darragon, « Manet. L'évasion », *Revue de l'art* 56, 1982.
19. Pour une lecture politique de *La Barque de Dante*, voir S. Guégan, *Delacroix. Peindre contre l'oubli*, Paris, Flammarion, 2018, p. 60-73.

les rites balnéaires n'avaient pas délestés de leur puissance symbolique et métaphysique... La mort seule aura privé Manet d'électriser une dernière fois le Salon en tutoyant à la fois l'actualité et l'éternel. Critique proche des futurs impressionnistes, Armand Silvestre avait rapproché, en 1872, la vigueur et la franchise des marines de Delacroix au *Kearsarge et L'Alabama* de Manet. *L'Évasion* d'Orsay, variante plus qu'ébauche du tableau de Zurich, possède la délicate âpreté des dernières fleurs du peintre rattrapé par la syphilis, et bientôt confronté au dernier voyage[20].

Stéphane Guégan
Conseiller scientifique auprès de la Présidence du musée d'Orsay et de l'Orangerie

20. Quant au dernier Manet, voir S. Guégan, « Manet und die Ziele und Grenzen der Malerei », *Letzte Bilder. Von Manet bis Kippenberger*, Frankfurt, Shirn Kunsthale, 2013, p. 32-39.

Le paysage

LE TEMPS DU PAYSAGE. LA REPRÉSENTATION DE LA NATURE DANS L'ŒUVRE DE POUSSIN

Barbara de Negroni

À Jean-Pierre, qui m'a appris à regarder Poussin

Poussin a utilisé de façon très subtile ce genre pictural qu'est le paysage, en jouant sur toutes les possibilités qu'il offre. Il réussit ainsi à raconter des histoires : les éléments narratifs sont traduits par des éléments du paysage – chemins, monuments, ciels plus ou moins paisibles, diversité des arbres ; les hommes eux-mêmes apparaissent comme des parties de la nature, dont le comportement et les actions répondent également à des lois. Le paysage devient ainsi un moyen plastique extraordinaire qui offre au spectateur l'occasion d'un déchiffrage patient pour pouvoir être pris ensuite par la force d'une expérience sensible, par le plaisir d'une composition d'ensemble, des couleurs et de la lumière.

Qu'il y ait dans l'œuvre de Poussin un temps du paysage peut se penser d'une double façon. Poussin a peint au cours de sa vie de plus en plus de paysages et ils cessent progressivement d'être des fonds, d'avoir une simple fonction décorative, pour devenir le sujet principal du tableau, et constituer un motif essentiel entre 1648 et 1664[1]. Tout se passe comme si Poussin s'intéressait de plus en plus au paysage, comme si un genre mineur au XVIIe siècle, considéré comme bien inférieur à la peinture d'histoire, prenait pour lui une importance fondamentale. S'il peint au fil des ans davantage de paysages, ce n'est pas parce qu'en vieillissant sa main se met à trembler et qu'il

■ 1. Si on analyse les listes des tableaux de Poussin dans les *Catalogues raisonnés* de son œuvre, on voit que sur environ deux cent trente-neuf tableaux, trente-trois s'intitulent « Paysage » ; les deux tiers de ces tableaux, et les plus importants, ont été peints entre 1648 et 1664.

pallie sa propre faiblesse en se réfugiant dans un genre inférieur, n'étant plus capable de peindre autre chose[2]. Poussin renverse la hiérarchie des valeurs de son époque en donnant un nouveau statut au paysage : l'accroissement quantitatif du nombre des toiles s'accompagne d'une modification qualitative des paysages. Poussin réussit alors à représenter grâce aux paysages une temporalité spécifique : le paysage devient un moyen figuratif extraordinaire pour raconter une histoire. C'est cette temporalité propre au paysage que nous voudrions interroger : s'il s'agit bien en regardant les œuvres de Poussin de lire « l'histoire et le tableau »[3], comment les paysages peuvent-ils raconter une histoire ?

Temps vécu et temps pensé

Il y a une temporalité spécifique dans les tableaux de Poussin qui ne représentent jamais un temps réel, mais un temps pensé. On ne saurait lire un tableau comme la simple description d'un instant, celui où Éliézer demande à Rébecca de devenir la femme d'Isaac, où les Hébreux affamés reçoivent la manne qui tombe du ciel, où Salomon juge quelle femme est la mère de l'enfant[4] : on voit les diverses réactions des femmes près du puits lorsqu'Éliézer offre des bijoux à Rébecca, et plein de petites scènes se jouent, de la femme, avertie par une de ses amies que sa cruche est pleine et que l'eau qu'elle est en train de verser se répand sur le sol, à celle qui, appuyée sur le bord du puits, observe avec attention la scène et s'apprête à la raconter à tout le village ; on voit comment les Hébreux passent du découragement à la reconnaissance en recevant la manne – certains sont encore désespérés, d'autres se rendent compte de l'arrivée de la manne et commencent à la ramasser – ; on voit Salomon, qui, après avoir ordonné de couper l'enfant en deux, observe avec une extrême attention les réactions des deux femmes qui prétendent l'une comme l'autre être sa mère : le tableau peint ici un temps de la réflexion, on a presque l'impression de voir bouger les mains et les yeux de Salomon, et ce temps, s'il est évidemment rapide, n'est pas du tout instantané. Les tableaux de Poussin ne représentent jamais un instant précis, mais le déroulement d'une action.

Sur ce plan, le temps mis en scène par Poussin est très différent de celui qu'on trouve dans bien des tableaux du Caravage qui se focalise, lui, sur un instant déterminé, et qui met en œuvre une profonde unité du tableau par rapport à cet instant. L'unité est soulignée par la force de l'éclairage ; la violence est d'autant plus intense que Le Caravage ne cherche jamais à respecter des

■ 2. Cet argument a été régulièrement utilisé du xvɪɪᵉ siècle au xxᵉ siècle. Le genre du paysage est dévalué au xvɪɪᵉ siècle : on considère qu'il donne bien moins de peine que la peinture d'histoire. Les *Saisons* ont été régulièrement décrites comme de purs paysages – en oubliant la moitié des titres ; et c'est bien parce que leur sens allégorique n'était pas compris qu'on a longtemps pu les exposer en des lieux différents, en les séparant les unes des autres. Voir Maurice Daumas, « L'étoffe écarlate ou *Les Quatre Saisons* de Nicolas Poussin », *XVIIᵉ siècle* 184, Juillet-Septembre 1994, p. 415-417.
■ 3. Dans une lettre à Chantelou du 28 avril 1639 qui accompagne l'envoi des *Israélites ramassant la manne dans le désert*, Poussin écrit « lisez l'histoire et le tableau, afin de connaître si chaque chose est appropriée au sujet ». Voir Nicolas Poussin, *Lettres et propos sur l'art*, Paris, Hermann, 1989, p. 45.
■ 4. Poussin, *Éliézer et Rébecca*, 1648, Paris, Musée du Louvre ; *Les Israélites recueillant la manne dans le désert*, 1639, Paris, Musée du Louvre ; *Le Jugement de Salomon*, 1649, Paris, Musée du Louvre.

règles de convenance ou de bienséance, conduisant à exclure certains éléments d'un tableau. Nous avons affaire à la représentation exacerbée d'un instant décisif. Dans *Judith décapitant Holopherne*, Le Caravage peint ainsi l'instant qui précède la mort d'Holopherne : Holopherne est encore en vie et ses yeux traduisent une horreur qu'il n'a plus aucun autre moyen d'exprimer, mais la quantité de sang qui s'échappe de sa gorge atteste qu'il est sur le point de mourir, sa main serrée n'est plus capable d'arracher l'épée et de se retourner contre Judith ; Judith actionne fermement son épée, en se concentrant sur la force et la précision de son geste pour achever de couper la tête d'Holopherne ; la servante médusée regarde le spectacle avec une horreur fascinée. Il y a une unité profonde du tableau, centrée sur cet instant où tout bascule. Unité des personnages autour de l'épée de Judith, unité du décor qui ramène nécessairement le regard sur ce centre. C'est cette représentation ponctuelle du temps que Poussin refuse : Poussin, d'après Félibien, disait du Caravage « qu'il était venu au monde pour détruire la peinture »[5] ; une des formes de cette destruction est sans doute le recours à cette focalisation sur la représentation de l'instant décisif dans le déroulement d'une action : Holopherne sur le point de mourir, Matthieu sidéré d'avoir été choisi par le Christ, les deux personnages d'Emmaüs reconnaissant Jésus[6]. Le Caravage détruit pour Poussin la dignité de la peinture en voulant donner ainsi l'illusion d'un instant : on ne lit pas dans un Caravage « l'histoire et le tableau »[7], on ne regarde pas un Caravage de près et de loin, avec un travail de repérage des différents éléments, qui va permettre ensuite leur articulation dans l'ensemble d'une composition : tous les éléments de l'œuvre s'articulent à un centre unique, qui est à la fois le centre de l'histoire et le centre du tableau.

Poussin peint toujours un déroulement, un ensemble d'éléments

Poussin au contraire joue sur un temps long, sur une temporalité de la représentation qui raconte l'ensemble d'une histoire, et pas simplement sur le choix d'un instant important. Tous les éléments d'un tableau du Caravage conduisent à un centre, tous les éléments d'un tableau de Poussin sont autant de moments dans le récit complexe d'une histoire. À Holopherne en train de mourir on peut opposer *La Mort de Saphire*[8] : Saphire s'effondre morte sur le sol mais tous les éléments du tableau ne conduisent pas vers elle. Diversité des gestes des apôtres – Pierre pointe la main vers Saphire, dénonçant d'un doigt accusateur l'avarice et le mensonge, Paul lève les bras vers le ciel, attestant la présence d'un jugement de Dieu, Jean s'interroge – ; pluralité des regards et des gestes des spectateurs, allant de l'agitation à l'étonnement et à l'effroi – un simple mensonge est quand même puni de mort dans cette affaire – ; une femme paraît sortir du tableau ; une scène de charité se déroule

■ 5. Félibien, *Entretiens sur les vies et sur les ouvrages des plus excellents peintres anciens et modernes*, III, cité dans Nicolas Poussin, *Lettres et propos sur l'art, op. cit.*, p. 196.
■ 6. Le Caravage, *Judith décapitant Holopherne*, 1598, Rome, Palazzo Barberini ; *La Vocation de Saint Matthieu*, 1599-1600, Rome, église Saint Louis des Français ; *Le Souper à Emmaüs*, 1606, Milan, Galerie Brera.
■ 7. Voir note 3.
■ 8. *La Mort de Saphire*, 1652, Paris, Musée du Louvre.

à l'arrière-plan, et, si on suit la direction indiquée par le doigt de Pierre, on voit qu'elle nous conduit aussi bien vers Saphire expirante, qu'il est en train d'accuser, que vers la petite scène de l'aumône près du lac ; extraordinaire paysage de pierre au fond du tableau. Lire l'histoire et le tableau suppose de déchiffrer une pluralité d'épisodes, de comprendre que Poussin peint toujours un déroulement, un ensemble d'éléments.

Or, pour exprimer cette pluralité, le paysage va progressivement offrir des moyens plastiques tout à fait remarquables. Ce sont les éléments mêmes qui composent un paysage qui deviennent les acteurs fondamentaux d'une histoire, Poussin jouant ici sur plusieurs possibilités offertes par la représentation de la nature.

L'homme dans la nature

En peignant des paysages, Poussin ne cherche pas du tout, là aussi, à donner une illusion de réel : il ne représente jamais de vues topographiques, et, si on peut reconnaître dans ses paysages de pierre des lieux ou des monuments, les sites identifiables dans ses représentations de la nature restent fort peu nombreux. La nature est reconfigurée et elle fournit ainsi un extraordinaire théâtre à l'action des hommes. Si, en effet, dans les tableaux intitulés « paysages » figurent toujours des personnages, leur place et leur importance sont très différentes de celles des autres tableaux. Ils sont beaucoup plus petits, ce ne sont pas eux qui frappent au premier regard, et surtout, plus profondément, on ne peut comprendre ni leurs gestes, ni les actions qu'ils sont en train d'accomplir indépendamment du paysage dans lequel ils se situent. Alors que dans, par exemple, le premier *Moïse sauvé des eaux*[9] du Louvre, le paysage est un simple décor, certes extrêmement beau, mais qui a pour seule fonction narrative de donner à l'histoire une couleur locale – la splendide chasse à l'hippopotame qui est à l'arrière-plan permet tout comme la pyramide de situer l'histoire en Égypte – il va devenir un élément essentiel à interpréter, il participe au tableau.

La place du paysage permet d'abord de faire apparaître l'homme comme une simple partie de la nature, obéissant lui aussi à des lois nécessaires. Poussin réussit ainsi à peindre des épisodes de l'histoire de Phocion en les dépolitisant et en ne s'intéressant pas aux évènements héroïques de la vie d'un homme illustre. Plutarque, dont Poussin connaissait évidemment très bien le texte, raconte comment Phocion, général athénien célèbre par son austérité et par sa franchise, fut condamné à mort par l'Assemblée du peuple sur une fausse accusation de trahison ; on ordonna que son corps serait banni et transporté hors de l'Attique : le cadavre de Phocion fut brûlé à Mégare. Par la suite ce général fut réhabilité. Or ce ne sont ni les grandes victoires que Phocion remporta à la tête d'une armée de mercenaires, ni son accusation ou sa réhabilitation qui sont peintes par Poussin : de Phocion on ne voit dans le *Paysage avec les funérailles de Phocion* qu'un cadavre recouvert d'un drap, transporté hors de l'Attique par deux hommes, et dans le *Paysage avec les*

■ 9. *Moïse sauvé des eaux*, 1647, Paris, Musée du Louvre.

cendres de Phocion[10] que des cendres recueillies par une femme de Mégare. Ces deux scènes sont certes au premier plan, mais elles sont petites, et si on y fait attention en raison du titre du tableau, l'œil est d'abord frappé par l'ampleur du paysage, par la majesté de l'ensemble de la représentation. Et quand on commence à s'intéresser de plus près aux personnages qui figurent sur ces tableaux, on doit situer le cadavre ou les cendres de Phocion par rapport à d'autres scènes, et on voit apparaître un contraste entre des rites officiels et une piété privée. Dans le tableau des *Funérailles*, on voit, presque au centre du tableau, sur une butte, le magnifique tombeau d'un citoyen riche, et sur le côté droit du tableau, un grand cortège se dirigeant vers le temple. Plutarque nous apprend que Phocion fut exécuté le 19 Mounichion 318, jour où avait lieu une procession sacrée en l'honneur de Zeus ; les Athéniens qui étaient encore capables d'humanité trouvaient sacrilège qu'on ne repoussât pas l'exécution d'un seul jour pour préserver la ville d'une souillure[11]. À cette piété officielle qui ignore les véritables valeurs, s'opposent, dans le *Paysage avec les cendres de Phocion*, les humbles gestes d'une femme du pays qui recueille les cendres avec ses mains[12], et qui agit discrètement au premier plan, pendant que bien d'autres personnes vaquent dans le tableau à leurs occupations. Il ne s'agit plus comme Plutarque de comparer Phocion à Socrate[13], mais de mettre en relation la mort de Phocion et un splendide paysage. Rappelant dans une lettre à Chantelou que les anciens avaient trouvé, pour produire de merveilleux effets, plusieurs modes, chacun pouvant être défini comme « la raison ou la mesure et forme de laquelle nous nous servons à faire quelque chose », Poussin explique que le mode dorique « stable, grave et sévère » doit être appliqué aux « matières graves, sévères et pleines de sapience »[14]. Ce mode dorique donne le ton général du tableau : il se retrouve aussi bien dans les édifices, dans les éléments du paysage, les arbres, les chemins, les plans d'eau, les nuages, que dans les gestes des personnages ; la vie et les actions humaines s'inscrivent dans la majesté de vastes paysages paisibles. L'émotion procurée par ces tableaux, la délectation qu'ils réussissent à produire vient de cette harmonie extraordinaire des gestes et des paysages : c'est bien l'harmonie globale du paysage qui nous conduit à penser et à comprendre les gestes des premiers plans. Et c'est d'autant plus vrai aujourd'hui, où nous ne connaissons plus par cœur Plutarque, et où nous avons besoin d'aller le relire pour nous souvenir en détail de l'histoire de Phocion. Loin de toute lecture politique de l'héroïsme, Poussin oppose de la même façon dans le spectacle de

■ 10. *Paysage avec les funérailles de Phocion*, 1648, Cardiff, Musée national du Pays de Galle ; *Paysage avec les cendres de Phocion*, 1648, Liverpool, Walker Art Gallery.
■ 11. Voir Richard Verdi, « Poussin et la Vie de Phocion de Plutarque », dans Alain Mérot (dir.), *Nicolas Poussin (1594-1665)*, *Actes du colloque au Musée du Louvre en 1994*, Paris, Musée du Louvre, 1996.
■ 12. Voir Plutarque, *Vie de Phocion*, trad. fr. A. Pierron, Paris, Charpentier, 1853, p. 658-659 : « Une femme du pays, que le hasard fit assister à ces funérailles avec ses esclaves, éleva à Phocion, dans le lieu même, un tertre vide, sur lequel elle fit les libations d'usage ; après quoi, mettant dans sa robe les ossements qu'elle avait recueillis, elle les porta la nuit dans sa maison, et les enterra sous son foyer, en disant : "Ô mon foyer, je dépose dans ton sein ces précieux restes d'un homme vertueux. Conserve-les avec soin, afin que, quand les Athéniens seront revenus à la raison, tu puisses les rendre aux tombeaux de ses ancêtres" ».
■ 13. Plutarque conclut son texte en écrivant que « la mort de Phocion renouvela aux Grecs le souvenir de celle de Socrate ; car l'injustice fut la même à l'égard de l'un et de l'autre, et attira sur Athènes les mêmes calamités » (*ibid.*, p. 659).
■ 14. N. Poussin, Lettre à Chantelou, 24 novembre 1647, dans *Lettres et propos sur l'art, op. cit.*, p. 135-137.

la nature et dans le comportement humain deux natures, une nature civilisée, organisée et dominée, et une nature qui n'est pas régentée par l'homme – les *Funérailles* laissent apparaître des branches un peu irrégulières, qui n'ont pas été taillées, les *Cendres* jouent sur les courbes du premier plan, celles des gestes de la femme, celles du sol sur lequel elle est assise –, un respect de lois édictées par les hommes, et le respect de lois morales qui devraient apparaître aux hommes comme des lois naturelles.

On retrouve cette opposition dans le *Paysage avec Diogène*[15], où la plus grande partie du tableau est occupée par le paysage. On voit au premier plan Diogène qui, après avoir observé un jeune homme buvant dans le creux de sa main, a jeté à terre son écuelle ; au second plan un autre homme, accompagné d'un chien, qui fait sans doute allusion au sens même du terme « cynique » ; enfin, à l'arrière-plan, de tout petits personnages vaquent à leurs occupations au bord du Tibre. Le paysage permet de faire apparaître un contraste entre une nature domestiquée par les hommes, où l'on voit des maisons, des chemins, les bords d'un fleuve qui ont été aménagés, une forêt qui a été défrichée, et où l'activité humaine est mise en évidence par la présence d'un grand nombre de petits personnages qu'on ne cesse de découvrir quand on observe le tableau, et une nature encore un peu

> Le paysage permet de faire apparaître un contraste

sauvage, où s'arrête le chemin sinueux que vient de prendre Diogène, où rien n'a été aménagé pour boire, où les buissons sont très touffus, où une grande branche est tombée à terre. Nous ne sommes pas ici à la croisée entre deux chemins, mais à celle d'un chemin et d'une absence de chemin, d'une nature civilisée et d'une nature encore sauvage : Diogène d'un même geste tourne le dos à la ville et aux convenances introduites par les hommes, convenances dont il dénonce l'absurdité. Le traitement du paysage fait apparaître le contraste entre ces deux natures.

On peut alors comprendre que le paysage puisse également servir à donner des signes annonciateurs des événements qui vont se dérouler. C'est le cas dans le *Paysage avec Orphée et Eurydice*[16], tableau qui peint le moment où Eurydice, qui a couru pour échapper à Aristée, vient d'être mordue par un serpent. Le tableau joue là encore sur un temps pensé : on y voit à la fois Orphée qui joue de la lyre, et qui, envoûté par sa propre musique, n'a pas la moindre conscience du drame qui est en train de se jouer, Eurydice qui fait un geste de crainte et vient de pousser un cri, un pêcheur qui, l'ayant entendue, se retourne. Un œil attentif, qui voit le serpent dans l'herbe, va pouvoir penser l'unité du tableau, et rattacher les uns aux autres tous les éléments qui y figurent. Le drame se lit de façon prémonitoire dans la fumée qui s'échappe du château Saint-Ange, comme si l'histoire était annoncée par les éléments naturels, comme si le feu symbolisait le destin d'Orphée et d'Eurydice. Contraste étonnant dans ce paysage entre tout ce qui semble

15. *Paysage avec Diogène jetant son écuelle*, 1648, Paris, Musée du Louvre.
16. *Paysage avec Orphée et Eurydice*, 1649-1651, Paris, Musée du Louvre.

évoquer une pure idylle, une nature sereine à l'image d'un amour paisible, et l'apparition brutale de l'incendie et de la mort au sein de cette paix. Diderot écrivait que Poussin « sait aussi, quand il lui plaît, vous jeter du milieu d'une scène champêtre, l'épouvante et l'effroi »[17]. Le paysage joue alors un rôle annonciateur fondamental.

Le temps qu'il fait

Le rôle du paysage peut être encore plus fort quand la nature est en mouvement, quand le paysage n'est plus simplement un lieu, plein de signes, mais nous donne le déroulement d'une action, lorsque toutes les figures qu'on voit dans le tableau « jouent leur personnage selon le temps qu'il fait »[18]. Poussin a pu représenter un orage ou une tempête : on voit dans ces tableaux à la fois les désordres provoqués par le vent, la pluie, les éclairs, la foudre, et les différentes réactions des hommes face à ce déchaînement de la nature. C'est le cas aussi bien dans le *Paysage avec Pyrame et Thisbé* que dans *L'Orage*[19], peints l'un comme l'autre en 1651. L'orage peint des nuées noires qui envahissent le ciel, un vent très fort souligné par le mouvement des feuilles, la violence des éclairs. Les maisons, entre nuages et éclairs, sont dans un clair-obscur inquiétant, les arbres sont mus par le vent et on croit les entendre siffler, les hommes et les animaux semblent impuissants devant cette violence de la nature. Le conducteur de la charrette tirée par des bœufs est assis sur ses talons, la tête au sol, les mains sur ses oreilles, les personnages sur la charrette cherchent à se protéger avec leurs vêtements, un autre personnage marche à reculons contre le vent. C'est bien la nature qui provoque les réactions des hommes, leurs gestes ne sont que des effets de l'orage qu'ils subissent, ils sont totalement dominés par le paysage qui les englobe.

Les choses vont encore beaucoup plus loin dans le *Paysage avec Pyrame et Thisbé*, où l'histoire est racontée par Poussin grâce au paysage. Dans ce tableau, Poussin nous dit qu'il a d'abord cherché à « représenter une tempête sur terre » en imitant « l'effet d'un vent impétueux, d'un air rempli d'obscurité, de pluie, d'éclairs et de foudres qui tombent en plusieurs endroits, non sans y faire quelque désordre »[20]. Les hommes sont déterminés par le temps qu'il fait : les uns « fuient au travers de la poussière et suivent le vent qui les emporte ; d'autres au contraire vont contre le vent, et marchent avec peine, mettant leurs mains devant leurs yeux »[21] ; la nature devient alors « la vraie protagoniste du drame »[22]. L'histoire même de Pyrame et Thisbé n'est ici qu'une péripétie dans un désordre général, où les hommes et les animaux sont emportés dans un grand tourbillon, où un lion attaque des bouviers, où un

■ 17. D. Diderot, *Salon de 1767*, dans *Œuvres complètes.*, Paris, C.F.L., 1970, t. VII, p. 320. Diderot commente en l'occurrence le *Paysage avec un homme tué par un serpent*, tableau où il voit une femme tuée par un serpent.
■ 18. Lettre à Jacques Stella de 1651 où Poussin analyse ce qu'il a voulu représenter dans le *Paysage avec Pyrame et Thisbé*, rapportée dans les *Entretiens...* de Félibien, *op. cit.*, p. 160.
■ 19. *Paysage avec Pyrame et Thisbé*, 1651, Francfort, Städel Museum ; *L'Orage*, 1651, Rouen, Musée des beaux-arts.
■ 20. Lettre à Jacques Stella de 1651, *op. cit.*, *cf.* note 18.
■ 21. *Ibid.*
■ 22. A. Mérot, *Nicolas Poussin*, Paris, Hazan, 1994, p. 157.

chien aboie : Pyrame mort et Thisbé qui s'abandonne à la douleur apparaissent alors comme un épisode parmi d'autres. Poussin, qui connaît bien Ovide, respecte bien sûr les éléments essentiels du texte des *Métamorphoses*. Mais en situant l'action dans une tempête, dans le déchaînement d'un orage, il ne cherche pas à illustrer Ovide mais à mettre en relation les phénomènes cosmiques et les histoires des hommes. Il y a bien dans le texte d'Ovide de nombreux détails que Poussin représente : une lionne qui vient d'égorger des bœufs et qui a une gueule couverte de sang, le voile de Thisbé qu'elle a lacéré de sa gueule ensanglantée. Mais si, dans les *Métamorphoses*, Thisbé réussit à sortir de chez elle en raison de l'obscurité, la nuit est claire, Thisbé a aperçu la lionne grâce à la lumière de la lune, et il n'y a ni tempête ni orage. Là encore il y a une double lecture possible du tableau : on peut y voir simplement une tempête et ses effets sur les animaux et les hommes, en en faisant en quelque sorte un symétrique de *L'Orage;* on peut aussi connaître Ovide, et lire tous les éléments présents dans le tableau comme inscrits dans le fil conducteur d'une histoire. C'est une tempête que représente Poussin, tempête de la nature, tempête du lion, tempête de l'histoire de Pyrame et Thisbé : le paysage n'est plus un décor, il est l'acteur de l'histoire, on pourrait dire qu'il ne sert en rien à illustrer l'histoire de Pyrame et Thisbé, mais que c'est au contraire Pyrame et Thisbé qui apparaissent comme un exemple de tempête. Les lois des passions humaines ne sont qu'une partie des lois de la nature. Et Diderot, commentant les paysages de Poussin, écrit : « Voilà les scènes qu'il faut savoir imaginer, quand on se mêle d'être un paysagiste. C'est à l'aide de ces fictions qu'une scène champêtre devient autant et plus intéressante qu'un fait historique. On y voit le charme de la nature, avec les incidents les plus doux, ou les plus terribles de la vie »[23].

Or ces tableaux ont souvent des pendants – deux toiles qui se répondent, qui se lisent l'une par rapport à l'autre : on peut travailler sur les couples que représentent *L'Orage* et *Le Temps calme* ou le *Paysage avec un homme tué par un serpent* et le *Paysage avec trois moines*[24]. Dans le premier cas, les éléments figuratifs qui composent ces deux tableaux sont très proches, que ce soient les édifices, les arbres, ou les rochers du fond, mais dans *Le Temps calme* un lac paisible figure au centre avec des reflets limpides, et à la lutte contre les éléments déchaînés de *L'Orage,* s'opposent les activités tranquilles des hommes. On pourrait presque imaginer qu'il s'agit quasiment du même paysage, peint sous deux points de vue différents, et surtout en recourant à des modes différents, comme si on avait dans un cas un mode lydien qui s'accommode aux choses lamentables et qui peut rendre le sublime, et dans l'autre un mode hypolidien, qui contient suavité et douceur[25].

À ce contraste naturel répond selon Félibien un autre contraste, pour le coup moral. Le *Paysage avec un homme tué par un serpent* peint une mauvaise

■ 23. D. Diderot, *Salon de 1767, op. cit.,* p. 321.
■ 24. *Le Temps calme,* 1651, Los Angeles, Getty Center ; *Paysage avec un homme tué par un serpent,* 1648, Londres, National Gallery ; *Paysage avec trois moines,* 1648-1650, Belgrade, Beli Dvor.
■ 25. Sur les modes, voir la lettre de Poussin à Chantelou du 24 novembre 1647, dans *Lettres et propos sur l'art, op. cit.,* p. 134-137.

rencontre qui semble se propager tout au long du tableau. L'homme, qui vient de voir le personnage tué part en courant, la femme, au second plan, qui a entendu ses cris, en a laissé tomber son cabas et fait un geste de terreur, et la nouvelle va se propager tout au long du chemin. L'arrière-plan derrière son apparence lumineuse n'est pas paisible : on y voit trois personnages qui jouent à la mourre, jeu qui avait une fort mauvaise réputation au XVIIIe siècle : on va de la peur de la mort à celle de la damnation[26]. Au contraire, le *Paysage avec trois moines* nous peint trois moines, dont saint François, dans la contrée de La Verna[27] où saint François passa quelques jours de méditation et de contemplation avant de recevoir les stigmates. Le tableau peint une retraite dans le paysage, on a affaire à un *otium religiosum*, à trois moines paisibles, incarnant cette vertu cardinale qu'est la tempérance. En même temps les hommes ont rarement été plus petits que dans ce tableau, et Saint François est comme fondu dans la nature, comme si la paix qu'il ressent était à l'image de la nature qui l'entoure, comme si le grand paysage était l'expression de son état intérieur. Dans ces grandes compositions de Poussin, on arrive à une fusion de la nature et de l'homme, signes naturels et signes humains se répondant.

Les temps des saisons

Et l'intérêt le plus fondamental du paysage est peut-être de réussir à mettre en relation plusieurs épisodes. Si Poussin a pu peindre plusieurs fois le même sujet, parfois sous une forme assez proche – les deux *Enlèvement des Sabines*, ou les différentes versions de *Moïse sauvé des eaux*[28], parfois avec de grandes différences – les deux versions des *Bergers d'Arcadie* ou les deux séries de *Sacrements*[29], le paysage lui offre les moyens de peindre des tableaux qui sont des pendants. Une de ses dernières œuvres va jusqu'où bout de cette technique, en nous donnant quatre tableaux qu'on peut, bien sûr, regarder individuellement, mais qui ont besoin d'être vus les uns par rapport aux autres, et qui s'inscrivent fondamentalement dans une série.

Les *Saisons*[30] représentent à la fois plusieurs temps, permettant de lire la série des tableaux sur deux ordres différents, qui se voyaient facilement quand les tableaux étaient encore exposés dans une salle circulaire au Louvre. Si on prend le cycle des saisons dans un sens, on y observe les suites du temps de la nature : rythme des saisons – printemps, été, automne, hiver –, rythme de la journée, marqué par les différents éclairages – matin du *Printemps*, midi de *L'Été*, soir de *L'Automne*, nuit de *L'Hiver* –, rythme des âges de la

■ 26. M. Stanic, qui cite le texte de Félibien, rappelle qu'au « Grand siècle encore, la peur de la damnation, de la perte de l'âme, était autrement puissante que la peur d'être physiquement dévoré par un serpent géant. ». Voir « Poussin Beauté de l'énigme », *Revue d'esthétique*, Numéro hors-série, 1994, p. 53.
■ 27. Voir A. Blunt, *Nicolas Poussin*, New York, Bollingen Foundation, 1967, p. 293.
■ 28. *Enlèvement des Sabines*, 1633, New York, Metropolitan Museum of Art ; 1638, Paris, Musée du Louvre. *Moïse sauvé des eaux*, 1647, Paris, Musée du Louvre ; 1651, Paris, Musée du Louvre.
■ 29. *Les Bergers d'Arcadie*, 1628, Chatsworth House, Devonshire Collection ; 1639, Paris, Musée du Louvre. *Les Sept Sacrements*, 1636-1640, Londres, Dulwich Picture Gallery, Cambridge, Fitzwilliam Museum, Fort Worth, Kimbell Art Museum ; 1644, Édimbourg, National Gallery of Scotland.
■ 30. *Les Quatre saisons : le Printemps, ou Adam et Ève dans le paradis terrestre ; Les Quatre saisons : L'Été, ou Ruth et Booz ; Les Quatre saisons : L'Automne, ou La grappe de Canaan ; Les Quatre saisons : L'Hiver ou Le Déluge ; 1660-1664, Paris, Musée du Louvre.*

vie humaine : naissance, mariage, fécondité et mort. Ce cycle naturel permet de mettre en relation les quatre saisons et les quatre éléments : air lumineux du *Printemps*, où figurent quelques nuages, comme celui sur lequel s'appuie Dieu pour contempler sa création, feu de *L'Été*, souligné par les couleurs très chaudes du tableau et la lumière du soleil, terre de *L'Automne* gorgée des fruits de la terre promise, eau de *L'Hiver* qui va progressivement recouvrir la terre et noyer les hommes. Mais ce cycle peut également se lire dans l'autre sens, quand on voit la suite des textes bibliques : nous commençons par *Le Printemps*, le paradis terrestre avant la chute, le moment de la tentation où Ève montre l'arbre à Adam ; *Le Printemps* est suivi par *L'Hiver* où Dieu punit des hommes indignes en les noyant sous les flots du déluge ; vient ensuite *L'Automne*, où les hommes envoyés par Moïse explorer le pays de Canaan en reviennent émerveillés et rapportent des fruits gigantesques de cette terre où coulent le lait et le miel ; enfin vient *L'Été :* Ruth demande à Booz l'autorisation de glaner et cette rencontre se terminera par un mariage, marquant une généalogie de Booz à David, de David à Marie et au Christ[31]. À quoi s'ajoutent enfin les deux couples que l'on peut dégager dans cette série en appariant *Le Printemps* et *L'Hiver*, et *L'Été* et *L'Automne*. *Le Printemps* et *L'Hiver* ne traduisent pas seulement symboliquement la naissance et la mort, le commencement et la fin, ils expriment l'un comme l'autre cette opposition plastiquement : les compositions sont très symétriques, Dieu y est à chaque fois présent, en personne sur un nuage ou sous la forme d'un éclair, de grandes masses d'arbres ferment les paysages. *L'Été* et *L'Automne* nous peignent au contraire un temps humain, des activités agricoles, le rôle des hommes dans la civilisation ; les paysages sont ouverts, les couleurs sont chaudes.

Le double titre des tableaux, associant saison et événement biblique, semblant poser comme une équivalence entre eux, exprime la façon dont Poussin peut raconter une histoire par le moyen du paysage. Le paysage n'est en rien un arrière-plan ou un décor, il permet de faire comprendre l'histoire. Il l'exprime par le moyen de la lumière et des couleurs : verts du *Printemps*, jaunes et rouges de *L'Été*, bleus très doux et bruns de *L'Automne*, gris sombres de *L'Hiver ;* il l'exprime aussi par tous les éléments météorologiques : nuages légers du *Printemps*, image d'une création où tout serait encore bon, éclair de *L'Hiver* symbolisant le châtiment divin, soleil de *L'Été* exprimant la force d'une dynastie. Mais Poussin joue aussi sur des éléments figuratifs essentiels comme les arbres ou les animaux. Les arbres permettent de peindre une opposition entre la mort et la vie : il y a au paradis terrestre l'arbre de la connaissance et l'arbre de la vie ; dans *L'Été* s'opposent le magnifique arbre, à la gauche de

---

■ 31. L'enfant de Ruth et Booz est le grand-père d'Isaïe, père de David (voir la fin du livre de Ruth) ; l'Évangile selon Saint Matthieu commence par une « généalogie de Jésus-Christ, fils de David, fils d'Abraham » et y voit évidemment des chiffres symboliques : « Il y a donc en tout quatorze générations depuis Abraham jusqu'à David, quatorze générations depuis David jusqu'à la déportation à Babylone, et quatorze générations depuis la déportation à Babylone jusqu'au Christ. ». Cette filiation est mise en évidence dans le tableau, par un de ces signes subtils dont Poussin a le secret : dans un article magnifique, Maurice Daumas analyse l'étoffe écarlate présente sur la gauche du tableau en y voyant le manteau ou la tunique sans couture du Christ. Ce tissu rouge est en effet trop grand pour recouvrir la panière, bien trop beau pour servir de nappe à un repas champêtre : un rouge aussi intense est réservé dans l'œuvre de Poussin aux personnages sacrés ou d'une dignité exceptionnelle, et il permet d'unir, à travers le jeu des trois couleurs primaires, Ruth, Booz et le Christ. Voir M. Daumas, « L'étoffe écarlate ou *Les Quatre Saisons* de Nicolas Poussin », *op. cit.*, p. 425-427.

Booz, et l'arbre dépouillé à la droite du tableau ; dans *L'Automne*, un arbre vert et un arbre dépouillé, des arbres pleins de fruits que l'on peut cueillir et des arbres sans rien à récolter ; et au milieu des arbres morts de *L'Hiver* on voit un olivier, arbre de vie. Les animaux traduisent également l'histoire : cygnes paisibles du paradis terrestre qui évitent de disperser l'attention dans un immense bestiaire, chevaux parfaitement civilisés de *L'Été*, exprimant le travail agricole, serpents de *L'Hiver :* à la bête toute rabougrie accrochée à l'arbre mort s'oppose l'énorme serpent sur les rochers à la gauche du tableau, qui, lui, est bien plus un symbole de vie qu'un symbole de mort.

C'est bien le paysage qui donne le ton fondamental de ces tableaux, et là aussi on pourrait dire que les actions des hommes s'expriment en fonction du temps qu'il fait.

Le modèle du cycle permet de jouer à la fois sur des images antiques et sur des images bibliques, de concilier une tradition gréco-romaine et une tradition chrétienne. *L'Hiver* ne marque pas une fin définitive : si le monde à l'exception de Noé et des siens s'éloignant sur son arche va bien être englouti, on voit au centre du tableau, juste sous la foudre divine, un homme en train de supplier Dieu : Maurice Daumas rappelle que le désespoir est sur un plan chrétien le plus grand des péchés et que ce geste de supplication fait à lui seul du *Déluge* un tableau d'espoir[32]. La vie va renaître, le cataclysme du déluge n'est en rien la fin du monde.

Le temps de la nature et le temps religieux se répondent, on peut exprimer l'un par le moyen de l'autre.

De Sénèque à Virgile

Les tableaux de Poussin, et plus particulièrement ses paysages, ont souvent été interprétés comme exprimant des thèses stoïciennes : peinture de l'ordre du cosmos et de la compréhension de ses lois, peinture de la soumission de l'homme aux lois de la nature et de la nécessité d'un consentement au destin[33]. Mais que Poussin peigne l'homme comme une partie de la nature, ne signifie pas qu'il adhère à une morale stoïcienne, et il nous semble beaucoup plus proche de Montaigne et de Virgile que des Stoïciens. Une opposition entre deux grands interprètes de Poussin est ici significative : dans une lettre à Chantelou du 9 juin 1643, Poussin écrit « nous n'avons rien en propre nous tenons tout à louage ». Cette phrase est régulièrement interprétée comme une citation de mémoire, A. Blunt soutient qu'elle vient de Sénèque et de la *Consolation à Helvie*, J. Thuillier au contraire l'attribue à Montaigne. Cette dernière source nous semble de loin la plus vraisemblable, on est vraiment loin de la lettre du texte de Sénèque, et beaucoup plus proche de celui de Montaigne, même si la phrase ne se trouve pas sous cette forme dans les *Essais*. Dans le chapitre X du livre III, Montaigne écrit : « Les hommes se donnent à louage. Leurs facultés ne sont pas pour eux, elles sont pour ceux à qui ils s'asservissent »[34]. Si on retrouve dans cette formule une critique

■ 32. *Ibid.* p. 429.
■ 33. On retrouve cette thèse chez beaucoup de grands spécialistes de Poussin, en particulier Louis Marin, Anthony Blunt ou Alain Mérot.
■ 34. *Essais*, III, 10, A. Tournon (éd.), Paris, Imprimerie nationale, III, p. 335.

stoïcienne de l'aliénation des affairés, il s'agit ici pour Montaigne de réussir à être à soi, entreprise qui se révèle aussi difficile que périlleuse[35], et qui va passer par l'écriture des *Essais*. L'œuvre, pensée comme étant en soi un accomplissement, pensée comme consubstantielle à son auteur[36], joue ici un rôle déterminant. Montaigne prend une route sur laquelle il ira « autant qu'il y aura d'encre et de papier au monde[37] ; lorsque Poussin renonce à peindre et quitte « les pinceaux pour toujours », il n'a plus « qu'à mourir »[38].

De plus, il n'est pas simple de penser une expression stoïcienne de la peinture : pour que les tableaux puissent jouer un rôle moral, ils doivent réussir à éveiller des affects, à provoquer une intense émotion, à susciter une adhésion sensible : la Contre-Réforme a exploité cette possibilité sous toutes ses formes, en jouant sur les trompe-l'œil, sur les immenses plafonds, sur les éclairages, et sur une représentation exacerbée du pathétique, des supplices des martyrs aux extases mystiques. Or le stoïcisme ne cesse de dénoncer les excès des émotions : si dans certains cas nous ne pouvons pas les éviter, nous devons aussitôt apprendre à les contrôler, et ne jamais chercher à les susciter. Les Stoïciens recourent certes à une rhétorique, mais elle doit permettre de canaliser les émotions, de lutter contre leur violence, de façon à retrouver une position rationnelle. Il nous paraît donc très difficile de considérer qu'il puisse y avoir une pratique stoïcienne de la peinture qui donne aux tableaux une valeur éthique. Poussin nous semble, sur ce plan, aussi loin du stoïcisme que de la Contre-Réforme : il accorde une importance fondamentale aux œuvres auxquelles il se consacre, sans leur donner pour autant un rôle qui soit directement éthique. Certes, l'œuvre du peintre doit, selon Poussin, être construite selon des lois rationnelles – lente conception d'un auteur[39] et lent travail de lecture du spectateur, qui ne doit surtout pas juger trop vite un tableau sans avoir pris le temps de l'analyser[40] – mais elle ne saurait être réduite à ce travail rationnel, son but est de procurer aux hommes une délectation[41]. Et de façon plus générale, alors que l'éthique stoïcienne se rattache à la *praxis*, la peinture, elle, appartient de plein droit à la *poiesis*. C'est pourquoi la thèse de M. Stanic, considérant que Poussin est bien plus proche de Virgile que de Sénèque nous semble très convaincante[42]. Si Virgile met en effet constamment en évidence les lois de la nature – « puissent d'abord les Muses [...] me montrer [...] les phases de la lune, pourquoi tremble la terre, la force qui gonfle et

■ 35. Voir en particulier *Essais*, I, 8.

■ 36. Voir *Essais*, II, 18 : « Je n'ai pas plus fait mon livre que mon livre ne m'a fait. Livre consubstantiel à son auteur. D'une occupation propre. Membre de ma vie. Non d'une occupation, et fin, tierce et étrangère comme tous autres livres. », t. II, *op. cit.*, p. 553.

■ 37. *Essais*, III, 9, *op. cit.*, p. 249.

■ 38. Lettre à l'abbé Nicaise, 26 juillet 1665, *Lettres et propos*, *op. cit.*, p. 177.

■ 39. Voir la lettre à Chantelou du 8 octobre 1649 : « Cet hiver je travaillerai à la composition de l'*Histoire de Saint Paul*, et avec le temps et la paille se mûrissent les nèfles. », dans *Lettres et propos sur l'art*, *op. cit.*, p. 154.

■ 40. Voir lettre à Chantelou du 20 mars 1642 : « Les choses esquelles il y a de la perfection ne se doivent pas voir à la hâte, mais avec temps, jugement et intelligence. », dans *Lettres et propos sur l'art*, *op. cit.*, p. 63.

■ 41. Dans une lettre à Chambray du 1ᵉʳ mars 1665, Poussin définit la peinture comme « une imitation faite avec lignes et couleurs en quelque superficie de tout ce qui se voit dessous le soleil, sa fin est la délectation. », dans *Lettres et propos sur l'art*, *op. cit.*, p. 174.

■ 42. Voir, M. Stanic, « Poussin Beauté de l'énigme », *op. cit.*, p. 9 : « La morale de Poussin, que l'on assimile généralement à un stoïcisme sénéquien trop rigoureux, nous semble infiniment plus proche de cette sagesse poétique virgilienne, où la connaissance des principes des choses et la délectation à la fois contemplative et créatrice de l'artiste tendent à se confondre ».

soulève les mers [...] Chanceux qui put apprendre à connaître les causes, /et qui foula aux pieds toutes les peurs et le destin » – il ne cesse de chanter en même temps la beauté de cette nature. Dans les *Bucoliques* comme dans les *Géorgiques*, Virgile écrit des poèmes qui peignent les travaux des champs, qui évoquent le labourage, les troupeaux, la vigne, les abeilles, et il peut à la fois analyser les modes de cultures et les dispositions des terrains, montrer quels pronostics de mauvais temps sont fournis par les éléments et chanter, dans des vers magnifiques, tout ce qu'il peut observer : « les vents se lèvent, [...] les flots de la mer /commencent agités à s'enfler et un craquement sec à s'entendre /depuis les hautes montagnes », les nuages « gagnent davantage les creux, s'allongent sur la plaine, /et, surveillant le coucher du soleil du sommet le plus élevé », « l'été joyeux à l'appel des Zéphyrs, [envoie] les deux troupeaux dans les bois et les pâturages ». Le poète peut conclure son œuvre en se peignant lui-même :

> Or je chantais ces vers sur les champs, les troupeaux/ et les arbres [...] Et moi, Virgile, en ce temps-là, la douce Parthénopé/me faisait vivre, dans la fleur de mes travaux, dans une retraite sans gloire, /moi qui ai modulé les chansons des bergers[43].

De même Poussin, avec « un pinceau doré et bien emmanché »[44], met en évidence, grâce à de longues méditations et de savantes constructions, les lois de la nature et la façon dont l'homme en est une partie, mais cette imitation est là pour faire ressentir une délectation : il chante la nature, ses tableaux doivent donner une immense joie au spectateur, joie d'une contemplation, et non joie de l'accomplissement d'une action.

Les paysages jouent donc un double rôle dans l'œuvre de Poussin : ils contiennent des éléments figuratifs importants, ils permettent de constituer la trame de l'histoire. On peut déchiffrer un Poussin patiemment, en l'observant avec lenteur et en repérant tous les éléments qui le constituent : on accordera alors une importance égale aux deux serpents du *Déluge*, à l'éclair et aux différents arbres qu'à la diversité des attitudes des hommes, de ceux qui cherchent à échapper à l'eau, à celui qui supplie Dieu. Si lire ainsi les paysages suppose de connaître un peu Plutarque, Ovide ou la Bible, nous ne sommes jamais renvoyés à un code symbolique complexe, supposant des secrets connus par une élite intellectuelle, qui rendent un tableau malaisé à interpréter aujourd'hui, comme ça peut être le cas dans certaines œuvres de Le Brun[45]. Ce déchiffrage patient suppose de pouvoir consacrer du temps à une peinture de Poussin, Pierre Rosenberg rappelle que cela nous semble difficile aujourd'hui parce que « depuis le triomphe de l'impressionnisme nous avons perdu l'habitude de prendre du temps pour étudier les tableaux »[46].

■ 43. Toutes ces citations sont tirées des *Géorgiques*, A. Michel (éd.), trad. fr. A. Michel, J. Dion, et P. Heuzé, Paris, Imprimerie nationale, 1997 : chant II, 475-480 et 490-491, chant I, 356-358, 401-402, chant III, 322-323, chant IV, 559-565.
■ 44. Lettre à Chantelou du 25 avril 1644, dans *Lettres et propos sur l'art, op. cit.*, p. 104
■ 45. Voir M. Daumas, « L'étoffe écarlate ou *Les Quatre Saisons* de Nicolas Poussin », *op. cit.*, p. 434-435
■ 46. Pierre Rosenberg, « Encountering Poussin », in *Poussin and nature, Arcadian Visions*, Pierre Rosenberg and Keith Christiansen (eds), New York, The Metropolitan Museum of Art, 2007, p. 6.

Mais une fois ce déchiffrage patient fait, une fois perçus tous les éléments qui composent le tableau, c'est par la composition elle-même qu'on doit être pris, et c'est bien d'elle que vient l'extraordinaire plaisir que l'on peut avoir à regarder un Poussin, l'impression de rare harmonie que donnent ses œuvres, la délectation que l'on peut alors ressentir. Or le paysage permet de conférer une unité exceptionnelle aux toiles qui comportent de nombreux éléments. Il offre des solutions plastiques remarquables pour réussir à rattacher ces éléments les uns aux autres, en les réunissant par le moyen de chemins, par le souffle du vent, par les directions données par la lumière ou les éclairs. Il confère ainsi une magnifique unité à des toiles qui peuvent tout aussi bien exprimer la force d'un mode, qu'il soit dorique ou sublime, que se répondre les unes aux autres. Francastel montre comment Poussin a découvert simultanément « un nouveau rapport intellectuel de l'homme et de la nature » et « une nouvelle technique de la forme-couleur »[47]. Il y a dans cette œuvre à la fois un rapport intellectuel et un rapport sensible : P. Rosenberg rappelle qu'« à trop "lire" les tableaux de Poussin, on cesse de les "voir", […] on oublie de les regarder, de les contempler, d'y prendre du plaisir, de se laisser emporter par l'enchantement qu'ils suscitent »[48]. Il ne suffit pas d'analyser les tableaux de Poussin et d'en élaborer des interprétations intellectuelles ; si ce travail de décomposition minutieuse est indispensable pour qu'il soit possible de les voir, on ne peut en rester là : un tableau n'est pas un texte théorique. Il faut donc être pris ensuite par la force d'une expérience sensible, par un plaisir de la vision d'ensemble, par la joie procurée par les couleurs et la lumière, par un ravissement et un charme particulièrement forts dans les tableaux de paysage.

Barbara de Negroni
Professeur de philosophie en CPGE, Lycée Blanqui, Saint Ouen

■ 47. Voir P. Francastel, *Histoire de la peinture française*, Paris, Gonthier, 1976, t. I, p. 120.
■ 48. P. Rosenberg, « Encountering Poussin », *op. cit.*, p. 6. Nous traduisons.

ÉTUDES

LA METTRIE EN MIROIR

Blanca Missé

Pour Francine Markovits

Le matérialisme de La Mettrie a été longtemps réduit à un cartésianisme renversé. Cependant, après une génération de critiques qui ont repensé les rapports de Marx et du matérialisme à Spinoza, et à la suite de la lecture de Francine Markovits, on peut réinscrire La Mettrie dans la lignée du matérialisme critique. Ici, le matérialisme lammettrien se trouve organisé autour de la métaphore de la philosophie comme miroir, menant jusqu'au bout une critique de la position sujet à travers une histoire naturelle de la vue et du voir. La philosophie matérialiste est redéfinie par sa capacité à produire un effet de miroir, c'est-à-dire de produire un texte-surface de réflexion et réfraction critique des autres discours qui l'entourent (la morale, la théologie, la politique). Elle se veut aussi le lieu de construction et déconstruction spéculaire du soi ou du sujet, et le lieu d'exploration de la forme ou esthétique du discours philosophique lui-même.

D ans le *Discours préliminaire*, publié en 1750 comme une préface générale à ses principales œuvres philosophiques, La Mettrie propose de définir le discours philosophique comme un « miroir » critique dont la fonction serait de réfléchir une nouvelle lumière sur le monde qui nous entoure. Pour La Mettrie la philosophie doit se constituer en discours-miroir qui projette un point de vue qui se veut particulier, voire exclusif, celui de la nature, censé contraster avec les représentations factices produites par la société. On retrouve donc chez La Mettrie une généalogie possible du matérialisme critique de Marx et de la critique marxiste de l'idéologie.

Il est possible et souhaitable de réinscrire La Mettrie dans la lignée du matérialisme critique moderne, tout en contestant la place erronée que Marx lui assigna en le mettant pêle-mêle dans le bac du « matérialisme mécaniste », celui d'un cartésianisme inversé[1]. Toute une génération de critiques (Althusser, Tosel, Balibar et Macherey) a reconstruit la filiation spinoziste explicite et implicite du matérialisme de Marx et des marxistes, et cela n'a pas été sans impact pour l'histoire du matérialisme pré-marxiste[2]. En effet, Markovits, sous le signe aussi d'Althusser et Lacan, a fait remonter ce travail critique jusqu'au matérialisme du XVIIIe en nous proposant, entre autres, une nouvelle lecture critique de La Mettrie faisant émerger une philosophie qui mène jusqu'au bout une critique de la position sujet et de la métaphysique de la substance, et aussi un penseur de la mise en forme du discours philosophique et ses effets[3]. On y trouve l'achèvement le plus conséquent d'un matérialisme radical de filiation spinoziste.

Cet article propose une lecture du matérialisme lammettrien organisée autour de la métaphore de la philosophie comme miroir, comme surface de réflexion et réfraction des discours, comme lieu de construction et déconstruction spéculaire du soi ou du sujet, mais surtout comme lieu d'exploration de la forme ou esthétique du matérialisme critique[4]. Chez La

■ 1. Cette « célèbre » différence de généalogie que Marx établit dans la *Sainte Famille* entre un matérialisme mécaniste, qui viendrait de Descartes et où il range La Mettrie, et le matérialisme sensualiste lockéen, est en fait une (fausse) histoire du matérialisme qu'il emprunte à Renouvier, et où paradoxalement Spinoza brille par son absence. Olivier Bloch a montré que les références philosophiques de Marx sur le XVIIIe siècle français viennent du *Manuel de philosophie moderne* de Charles Renouvier, publié en 1842 où l'on trouve cette définition du « matérialisme mécanique ». Voir Olivier Bloch, « Marx, Renouvier, et l'histoire du matérialisme », *Matière à histoires*, Paris, Vrin, 1992, p. 384-441. En effet, dans le manuel de Renouvier, La Mettrie est présenté comme un continuateur de la physique mécanique cartésienne. C'est Renouvier qui établit cette différence entre « l'école matérialiste… qui a son origine dans le sensualisme » de Locke, à laquelle appartiendrait Condillac, et cette « autre » école du matérialisme « qui n'a jamais cessé d'exister depuis Descartes, et qui nous paraît tenir de lui tout ce que les principes qu'elle emploie ont de spécieux sous un certain rapport. C'est l'école mécanique » qui se fonderait exclusivement sur la physique cartésienne (Ch. Renouvier, *Manuel de philosophie moderne*, Paris, Paulin, 1842, p. 542). Comme l'a montré Jacques Moutaux, la catégorie de « matérialisme mécaniste » a été créée par la philosophie idéaliste allemande qui a dominé les institutions académiques au XIXe siècle en Allemagne mais aussi en France au moment de la ré-institutionalisation de la philosophie comme pratique universitaire. Gérard Stenger suggère lui que c'est l'hégélianisme qui a produit cette catégorie qui ne fait pas justice au matérialisme des Lumières. Voir à ce sujet Jacques Moutaux, *Écrits sur les matérialistes, le travail, la nature et l'art : à la virgule près*, Paris, L'Harmattan, 2000, p. 99-101 ; Gerhardt Stenger, « Marx, Heine et le matérialisme de l'âge classique », dans Marie Hélène Quéval (éd.), *Orthodoxie et hétérodoxie : Libertinage et religion en Europe au temps des Lumières*, Saint-Étienne, Publications de l'université de Saint-Étienne, 2010, p. 199-201. Notre propos n'est pas de contester la possibilité de lire certains des textes lammettriens littéralement, c'est-à-dire comme l'apologie d'un matérialisme mécaniste extrême, mais de montrer qu'il s'agit d'une lecture de La Mettrie partielle et héritée, qui peut-être n'a pas été – ni ne continue d'être – la plus actuelle ou stimulante.

■ 2. Sur le rapport Spinoza-Marx chez cette constellation de critiques, voir en particulier Louis Althusser, « L'immense révolution théorique de Marx » dans *Lire le Capital*, vol. 2, Paris, Maspero, 1968, p. 56-71 ; *Éléments d'autocritique*, Paris, Hachette, 1974 ; « L'unique tradition matérialiste », *Lignes* 8 (1993), p. 72-119 ; Étienne Balibar, *Spinoza et la politique*, Paris, P.U.F., 1995 ; Pierre Macherey, *Hegel ou Spinoza*, Paris, La Découverte, 1990 ; André Tosel, « Le marxisme au miroir de Spinoza » dans *Du matérialisme de Spinoza*, Paris, Kimé, 1994, p. 185-215 ; André Tosel, « Pour une étude systématique du rapport de Marx à Spinoza », dans P.-M. Moreau, J. Salem et A. Tosel (éd.), *Spinoza au XIXe siècle, Actes des journées d'études organisées à la Sorbonne les 9 et 16 mars, 23 et 30 novembre 1997*, Paris, Éditions de la Sorbonne, 2008, p. 127-147.

■ 3. Voir les ouvrages de Francine Markovits sur la philosophie de matérialiste de La Mettrie : « La Mettrie, l'anonyme et le sceptique », *Corpus, Revue de philosophie* 5/6 sur La Mettrie (1987), p. 83-105 ; « L'Antimachiavel-médecin de La Mettrie », *Corpus, Revue de philosophie* 31, sur L'Antimachiavélisme, de la Renaissance aux Lumières (1997), p. 207-236 ; « La Mettrie : une éthique de l'inconstance, une métaphysique de la tendresse », *Dix-huitième siècle* 35 (2004) ; « La Mettrie et le thème de l'histoire naturelle de l'homme » dans *Le Décalogue sceptique : l'universel en question au temps des Lumières*, Paris, Hermann, 2011, p. 191-222 ; « Monsieur Machine » dans *La Mettrie, philosophie, science et art d'écrire*, Adrien Paschoud et François Pépin (éd.), Paris, Matériologiques, 2017, p. 231-254.

■ 4. Sur le matérialisme de La Mettrie voir A. Paschoud et F. Pépin, « La Mettrie, Homme de sciences et de lettres » dans A. Paschoud et F. Pépin (éd.), *La Mettrie, philosophie, science et art d'écrire*, *op. cit.*, p. 7-20 ;

Mettrie le miroir fonctionne aussi comme un dispositif critique qui vise à briser les fausses idées de l'idéologie religieuse et à inviter le lecteur à se défaire de son élan métaphysique, c'est-à-dire son probable dualisme enraciné, presque inconscient, qui constitue une structure *a priori* de la connaissance fondée sur la séparation sujet-objet. Ce travail critique, La Mettrie va l'accomplir à travers une histoire naturelle de la vue, mais aussi à travers la déconstruction et reconstruction de la forme système.

Le miroir ardent de la philosophie

Dans le *Discours préliminaire* La Mettrie redéfinit la spécificité du discours philosophique comme un discours strictement « vrai » au sens où le vrai n'est autre chose que « tout ce qui paraît être dans la nature »[5]. Dans cette conception matérialiste des Lumières, le discours philosophique doit se faire une place en se positionnant doublement vis-à-vis de la science d'une part, et des autres ordres du discours (religion, morale, politique) de l'autre. Si la philosophie est « soumise » à la nature, si elle « se fait honneur de cet esclavage »[6], et affirme ne connaître d'autre point de vue ni d'autre voix que celle de la nature, c'est parce qu'elle trouve là une base solide pour revendiquer une séparation radicale et une autonomie sans précédent vis-à-vis des autres discours auxquels elle était auparavant sujette : la morale, la religion et la politique.

Cette fonction critique ne peut s'exercer pour La Mettrie que si la philosophie se construit comme « un point fixe pour juger sainement » et surtout comme un point de vue « absolu ». Absolu est à entendre ici au sens littéral du terme : de-délié, non relatif à la position sociale ou au régime politique, une prise de parole non adaptée aux mœurs du temps et indifférente au pouvoir[7]. « Le philosophe a pour objet ce qui lui paraît vrai, ou faux, abstraction faite de toutes conséquences » alors que « le Législateur, peu inquiet de la Vérité… ne s'occupe que du juste et de l'injuste, du Bien et Mal moral »[8]. Le discours philosophique doit se retenir de juger ou préconiser une action, afin d'éviter de n'être plus qu'un discours d'explication, ou de présentation des observations

Günther Mensching, « L'esprit dans l'œuvre de La Mettrie » et Jacques Richard « Médecine, physique et métaphysique dans les œuvres philosophiques de La Mettrie » dans J.-C. Bourdin et F. Markovits (éd.), *Matérialistes français du XVIIIe siècle : La Mettrie, Helvétius, D'Holbach*, Paris, P.U.F., 2006.

■ 5. La Mettrie, « Discours Préliminaire », *Œuvres philosophiques*, t. I, Paris, Fayard, 1987, p. 13. En effet : « tout ce qui n'est pas puisé dans le sein même de la Nature, tout ce qui n'est pas phénomènes, Causes, Effets, Science des choses en un mot, ne regarde en rien la Philosophie, et vient d'une source qui lui est étrangère. », La Mettrie, « Discours Préliminaire », *op. cit.*, p. 10-11.

■ 6. La Mettrie, « Discours Préliminaire », *op. cit.*, p. 13.

■ 7. « C'est absolument que je parle, et non relativement; distinction solide, et d'un grand sens, quoique Scolastique, et que mes adversaires dissimulent avec leur équité ordinaire : Distinction qui donne deux faces à l'objet, l'une idéale, philosophique, l'autre morale, arbitraire, comme je l'ai tant expliqué. », La Mettrie, *Discours sur le bonheur*, John Falvey (ed.), Oxford, Voltaire Foundation, 1975, p. 115. Sur cette conception de la séparation de la philosophie de la théologie, voir le *Tractatus Théologico-Politique* de Spinoza, aussi bien que les commentaires d'Étienne Balibar, et André Tosel à ce sujet. Voir E. Balibar, « Droit du souverain et liberté de penser » dans *Spinoza et la Politique*, *op. cit.*, p. 35-41, et A. Tosel « Contre la superstition, la réforme intellectuelle et morale » dans *Essai sur le Traité Théologico-Politique*, Paris, Aubier, 1984, p. 15-45.

■ 8. La Mettrie, « Discours Préliminaire », *op. cit.*, p. 13

de la nature : « Je ne moralise, ni ne prêche, ni ne déclame ; j'explique, encore une fois je ne fais qu'un système »[9].

C'est dans ce cadre que La Mettrie introduit la métaphore du miroir pour conceptualiser la fonction critique du discours philosophique : « si l'on me permet de continuer de parler métaphoriquement, j'oserais dire que tous les rayons qui partent du sein de la Nature, fortifiés et comme réfléchis par le précieux miroir de la Philosophie, détruisent et mettent en poudre un Dogme qui n'est fondé que sur la prétendue utilité morale dont il peut être »[10]. La métaphore du miroir présente la philosophie comme un discours-surface qui réfléchit, ou plutôt réfracte les rayons d'un foyer trop lumineux qu'on ne saurait regarder de face : celui de la Nature. Il s'agit bien ici de penser le pouvoir réfléchissant du texte philosophique comme les miroirs ardents qu'Archimède, selon la légende qui accompagne du siège de Syracuse, utilisa pour concentrer les rayons du soleil sur les voiles des navires romains. La philosophie ne ferait qu'augmenter et diriger une force critique ou lumière qu'elle puise « dans le sein même de la Nature ».

Pour La Mettrie le discours de la philosophie n'est pas tant un miroir-reflet du réel, qu'il ne doit agir en miroir-réfléchissant des images qui « détruisent et mettent en poudre le Dogme » ou les constructions idéologiques[11]. C'est à travers ce travail de destruction que la philosophie arrive ensuite à rediriger le regard vers la vraie source de connaissance : la Nature. Cette dernière, il ne faudra pas tant s'efforcer de la « refléter » correctement, il suffira d'arriver à la « voir », c'est-à-dire à s'y rendre pleinement sensible sans préjugés ni orgueil.

On entrevoit déjà chez La Mettrie, radicalisateur de Spinoza, l'idée marxiste d'une philosophie critique qui se veut « critique impitoyable de tout l'ordre établi, impitoyable en ce sens que la critique ne craint ni ses propres conséquences ni le conflit avec les puissances existantes »[12], et celle d'une philosophie qui refuse à son tour de devenir lieu de savoir et pouvoir, une nouvelle idéologie. Chez La Mettrie, le philosophe ne doit pas devenir un nouveau « législateur éclairé », qui substituerait une doctrine du bonheur à une autre, qui ferait « aisément croise aux hommes ce qu'ils désirent » qui chanterait un « bonheur imaginaire »[13]. La « sape » qui anime le pouvoir corrosifs de la philosophie « ne peut rien détruire, ni renverser si ce n'est hypothétiquement »[14]. C'est un discours critique spéculatif ou hypothétique et non pas normatif. Marx dira plus tard que la philosophie critique ne veut pas « anticiper le monde dogmatiquement, mais découvrir le monde nouveau, en

■ 9. La Mettrie, *Discours sur le bonheur, op. cit.*, p. 198. Sur le rôle du philosophe chez La Mettrie voir aussi Aram Vartnanian, « Le philosophe selon La Mettrie », *Dix-huitième siècle* 1 (1969), p. 161-178.

■ 10. La Mettrie, « Discours Préliminaire », *op. cit.*, p. 14.

■ 11. Le discours-miroir de la philosophie n'est pas un discours-reflet au sens où il s'agit d'un dispositif critique de destruction des fausses images et redirection du regard vers un « extérieur » qui éventuellement devrait se reconnaître aussi comme un intérieur. C'est un discours-surface qui se révèle comme tel, qui refuse de situer la vérité philosophique dans un au-delà caché, c'est le refus de la connaissance par les causes, et l'affirmation de la connaissance par les effets de ses images.

■ 12. K. Marx, Lettre à Ruge, Kreuznach, Septembre 1843, dans *Œuvres : philosophie*, Maximilien Rubel (éd.), Paris, Gallimard, 1982, p. 343:

■ 13. La Mettrie, « Discours Préliminaire », *op. cit.*, p. 14, 15.

■ 14. *Ibid.*, p. 15.

commençant par la critique du monde ancien »[15]. La façon pour La Mettrie de conduire cette critique est de faire l'histoire naturelle des idées.

Histoire naturelle du « voir »

Le matérialisme critique de La Mettrie se fonde sur une histoire naturelle des facultés humaines, le sentir et le penser, et plus particulièrement le « voir ». S'il ne peut être pensé en aucune façon comme un simple « renversement » du cartésianisme, c'est parce qu'il développe une conception tout autre de la sensibilité humaine (et de la vue en particulier) pour en faire l'origine de l'activité consciente de l'organisme vivant.

Contrairement à Descartes, qui développe une science optique comme complément au *Discours de la méthode*, La Mettrie choisit comme point de départ l'histoire naturelle de la vue comme organe, ou plutôt du « voir », pour penser la vision comme une forme sensible de la pensée. Ce qui intéresse La Mettrie dans l'œil en tant que dispositif optique c'est bien l'énigme du processus dialectique de formation de la sensation visuelle, qui est aussi, en même temps, un processus de formation de la pensée et ses concepts. La Mettrie pense le « voir » comme une forme propre de la pensée liée aux spécificités de l'expérience visuelle, une pensée-œil.

Dans l'*Histoire naturelle de l'âme* (1745) La Mettrie définit la vue comme la faculté du corps qui par ses sensations imprime sur l'âme « les sentiments de lumière et de couleur, qui lui représentent l'image des objets qui s'offrent aux yeux »[16]. La sensation est pensée déjà comme un processus de mise en forme, et non pas de simple transmission de données sensibles. Il y a donc chez La Mettrie une esthétique propre à chaque sens, La Mettrie insistant sur « la diversité des sensations » qui « varie selon la nature des organes »[17].

Le propre de la vue, dit La Mettrie, c'est d'être « le seul de tous les organes sensitifs, où se peigne et se représente visiblement *l'action* des objets extérieurs », et non seulement les objets eux-mêmes. Cela fait de l'organe œil le seul capable à saisir le changement du réel à l'œuvre, c'est-à-dire le mouvement interne à la matière vivante. La vue seule peut « nous aider à concevoir quelle sorte de changement ces objets font éprouver aux nerfs qui en sont frappés »[18]. C'est-à-dire que l'œil conçoit le changement des objets en même temps qu'il le ressent, et c'est ce mouvement réflexif de la sensibilité visuelle que La Mettrie nomme « percevoir »[19].

Percevoir pour La Mettrie est déjà une catégorie propre du savoir, un lieu d'élaboration du donné sensible. La perception visuelle se distingue des autres formes de perception sensitive en ce qu'elle développe notre capacité réflexive, enregistrant au niveau sensible le mouvement en même temps qu'elle le conçoit. Pour le philosophe matérialiste, loin d'être comme chez Descartes l'organe sensitif de la transparence et de la fidélité, la surface de cire molle sur

■ 15. Marx, Lettre à Ruge, Kreuznach, Septembre 1843, dans *Œuvres : philosophie, op. cit.*, p. 343.
■ 16. La Mettrie, « Histoire naturelle de l'âme », *Œuvres philosophiques* I, *op. cit.*, p. 158.
■ 17. *Ibid.*, p. 158.
■ 18. *Ibid.*, p. 159.
■ 19. La Mettrie reprendra cette idée fascinante dans la proposition 23 de son *Système d'Epicure*, Proposition « Les tâtonnements de l'Art pour imiter la Nature, font juger des siens propres. », « Système d'Epicure », *Œuvres philosophiques* I, *op. cit.*, p. 360.

laquelle s'imprime le monde, le dispositif optique c'est le sens qui introduit le plus d'épaisseur et de médiation dans l'expérience même de la perception. Il en ressort deux modèles visuels différents de la vérité philosophique. Alors que chez Descartes le modèle de la vérité c'est le « clair et distinct », pour La Mettrie c'est la réflexivité : l'idée vraie est celle d'une pensée qui peut réfléchir sur elle-même, saisir les rapports justes et se sentir et penser comme rapport. C'est dans le rapport de corrélation, dira La Mettrie, « dans le juste parallèle de la Structure des [états du corps] et des [états de l'âme] » que se trouve le vrai « moyen de connaître la Nature humaine »[20]. On peut voir dans cette différence l'origine d'une scission au sein du matérialisme moderne, celle qui départage le matérialisme sensualiste ou mécaniste, ancêtre de la « théorie du reflet » comme modèle de la connaissance, d'un matérialisme critique d'inspiration spinozienne et épicurienne qui articule la réflexivité de la pensée et la matière vivante – seulement, La Mettrie a souvent été rangé du côté erroné.

L'œil-miroir : histoire naturelle de la théologie naturelle

Dans *L'Homme-machine* (1747), La Mettrie formule pour la première fois l'idée que l'organe œil lui-même fonctionne comme un dispositif de miroir interne. Ce qui l'intéresse ici c'est le dispositif optique de l'œil-miroir comme lieu de structuration du discours religieux et théologique.

Pour répondre et démonter les arguments de la théologie rationnelle, La Mettrie ne prend plus « le bâton de l'expérience » pour démonter ces concepts vides et absurdes parce que dépourvus de contenu empirique[21]. Au lieu de s'attaquer au contenu des arguments des théologiens, La Mettrie va s'efforcer de rendre visible la forme ou structure de ce type de raisonnement :

> Il est vrai que si ma raison ne me trompe pas, l'Homme et tout l'Univers semblent avoir été destinés à cette unité de vues. Le Soleil, l'Air, l'Eau, l'Organisation, la forme des corps, tout est arrangé dans l'œil, comme dans un miroir qui présente fidèlement à l'imagination les objets qui y sont peints, suivant les lois qu'exige cette infinie variété de corps qui servent à la vision[22].

Le matérialisme donc ne conteste pas que notre expérience spontanée de la nature puisse nous pousser à croire assez souvent que l'univers entier « semble avoir été destiné » pour nous. Il semblerait que « si ma raison ne me trompe pas » l'homme ait été créé à l'image de Dieu, et que la nature soit là pour répondre à nos besoins. L'histoire naturelle de nos idées n'a pas pour fonction de blâmer ou d'humilier le peuple – compris comme la catégorie d'un savoir spontané – mais de montrer comment il se peut que notre raison puisse produire de telles idées. Elle se concentre sur l'analyse critique des formes du discours.

▣ 20. La Mettrie, « L'Homme-machine », *Œuvres philosophiques, op. cit.*, p. 73. Sur l'analogie comme source de connaissance chez La Mettrie voir Marta de Mendoça, « La connaissance de la nature : rôle et portée de l'analogie chez La Mettrie », dans A. Paschoud et F. Pépin (éd.), *La Mettrie, philosophie, science et art d'écrire, op. cit.*, p. 279-294.
▣ 21. *Ibid.*, p. 68.
▣ 22. *Ibid.*, p. 94.

Pour répondre à Pluche, La Mettrie va donc faire remonter à l'œil l'origine de cette structure miroir qui fait que notre raison pense ainsi, il dévoile le fonctionnement de cette pensée-œil. C'est parce que « tout est arrangé dans l'œil » comme « un miroir qui présente fidèlement à l'imagination les objets qui y sont peints » que l'on croit se reconnaître dans la nature. L'œil donc ne représente pas fidèlement[23], il « présente » d'abord une image à soi dans une structure spéculaire, une image où l'imagination se regarde, et où tout en regardant les objets, elle cherche à se reconnaître en eux[24].

Il faut préciser cependant que l'œil-miroir fonctionne chez La Mettrie comme un dispositif critique pour penser le fonctionnement de cette boîte noire qu'est l'imagination, et non pas comme une thèse scientifique. La Mettrie ne parle pas ici en anatomiste, il n'avance pas des observations ou expériences sur l'œil. Sa théorisation du fonctionnement de la rétine comme un miroir interne est principalement un dispositif critique matérialiste pour comprendre une structure spéculaire du savoir qui serait liée au voir et expliquer le succès de la théorie religieuse. La Mettrie sait bien, tout comme Descartes d'ailleurs, qu'il n'y a pas de « sujet » ou « Œil Interne » pour regarder à l'intérieur de ce miroir qu'est l'œil même. Si l'intérieur de l'œil est un miroir, c'est un miroir qui reflète dans le vide, c'est un miroir opération, opération spéculaire de reflètement qui structure notre rapport au monde et notre forme de la connaissance.

Pourquoi nous regardons-nous dans la nature comme dans un miroir ? Une première réponse c'est que l'œil-même, et non pas la substance ou la nature, fonctionne en miroir. Cette forme ou structure spéculaire du discours de la théologie rationnelle est rendue explicite par Leibniz dans le *Discours de métaphysique* (1686) où il affirme, que

> toute substance est comme un monde entier et comme un miroir de dieu ou bien de tout l'univers, qu'elle exprime chacune à sa façon, à peu près comme une même ville est diversement représentée selon les différentes situations de celui qui la regarde[25].

Le discours de la théologie rationnelle inscrit la structure de la spécularité dans la nature ou dans la substance, comme si elle manifestait une logique *a priori*. Pour La Mettrie cette structure est le résultat d'un aléa de la nature. Il lui suffira de remettre Leibniz sur sa tête, et substituer l'ordre des évènements de la nature à l'ordre métaphysique.

---

23. Dans l'*Histoire naturelle de l'âme* La Mettrie rejetait déjà l'idée que les sensations représentent le réel : « Les sensations ne représentent donc point du tout les choses, telles qu'elles sont en elles-mêmes, puisqu'elles dépendent entièrement des parties corporelles qui leur ouvrent le passage. », La Mettrie, « Histoire naturelle de l'âme », *op. cit.*, p. 164.

24. Et La Mettrie d'élaborer plus tard : que « l'œil est à la vérité une espèce de trumeau dans lequel l'Âme peut contempler l'image des objets », c'est le lieu d'un dédoublement, d'une mise à distance du monde ; La Mettrie, « L'Homme-machine », *op. cit.*, p. 96.

25. Leibniz, *Discours de Métaphysique*, § 9, Michel Fichant (éd.), Paris, Folio, 2004, p. 162. Leibniz formule le premier l'hypothèse que cette structure de spécularité est déjà imbriquée dans le mode de perception des monades, cet organisme primaire qui élabore la sensation en pensée.

La fiction du Sujet de la connaissance

Dans la proposition 18 du *Système d'Epicure* (1750) La Mettrie reprend cette histoire naturelle de l'œil, ou plutôt du voir, pour remettre en question la structure-même du savoir telle que la pense la métaphysique classique qui sépare *a priori* sujet et objet de la connaissance, *nature naturante et nature naturée* : « Les éléments de la Matière, à force de s'agiter et de se mêler entr'eux, étant parvenus à faire des yeux, il a été aussi impossible de ne pas voir, que de ne pas se voir dans un miroir, soi naturel, soit artificiel. L'œil s'est trouvé le miroir des objets, qui souvent lui en servent à leur tour »[26].

La Mettrie dans la lignée d'Epicure et de Lucrèce, reprend l'organe de l'œil pour conduire une critique des causes finales; l'œil n'est pas fait *pour* voir, et pourtant une fois l'œil formé, pas de marche arrière possible : « il a été impossible de ne pas voir »[27]. On voit inexorablement, dit La Mettrie, par une combinaison hasardeuse de la matière et non du fait d'une intention divine. Il faut faire attention ici comme ailleurs à la grammaire soignée de La Mettrie qui refuse d'ancrer dans le voir le siège d'un sujet de la connaissance : « il a été impossible de ne pas voir », dans le sens où voir est ici une nouvelle condition sensitive et rationnelle d'être au monde et non l'action d'un sujet. De même, « l'œil s'est trouvé être le miroir », l'œil n'agit pas, il est pure opération passive sans opérateur, et cette opération est réflexive car l'œil est à son tour regardé par les objets, et ces objets « lui servent [de miroir] à leur tour ». Œil et objet se renvoient l'un l'autre leur propre image et leur propre action de reflètement, ils fonctionnent dans le monde de la même façon : comme des surfaces réfléchissantes, des miroirs. La séparation du sujet et de l'objet de la connaissance, opérée par la métaphysique classique, n'est pas une structure ancrée dans la nature, mais une opération de l'imagination. Le travail de la critique matérialiste des modes de perception et pensée ne vise pas à dévoiler pas un « sujet » caché du savoir, un œil panoptique ou un Œil-Dieu, mais plutôt la puissance réflective de la matière elle-même[28].

Voir, sentir, penser, c'est participer aussi d'une structure imaginaire du voir qui est spéculaire. Et cette structure du voir est donc structurante pour La Mettrie d'une certaine forme de conscience : celle qui voit les choses et se voit dans elles, une conscience spéculaire. On se voit dans les reflets de chaque partie de la matière vivante, et elles se voient en nous à leur tour. C'est le propre des organismes voyants que d'exister dans ce régime du voir, dans

■ 26. La Mettrie, « Système d'Epicure », *op. cit.*, Proposition 18, p. 358.

■ 27. Sur La Mettrie et Epicure, voir Natania Meeker, « Flowers Strewn on the Way to Volupté : La Mettrie, and the Tropic Body of the Epicurean Philosopher », *Voluptuous Philosophy, Literary Materialism in the French Enlightenment*, New York, Fordham University Press, 2006, p. 88-125 ; Ann Thomson, « La Mettrie et l'épicurisme » dans G. Paganini et E. Tortarolo (eds.), *Der Garten un die Moderne*, Stuttgart, Frommann-Holzboog, 2004, p. 361-381 ; James Steintrager, « Oscillate and Reflect : La Mettrie, Materialist Physiology, and the Revival of the Epicurean Canonic », dans *Dynamic Reading : Studies in the Reception of Epicureanism*, Brooke Holmes and W.H. Shearin (ed.), Oxford, Oxford University Press, 2012, p. 162-198; Charles T. Wolfe, « A Happiness Fit for Organic Bodies : La Mettrie's Medical Epicureanism in Epicurus in the Enlightenment », dans N. Leddy and A. Lifschitz (eds), *Epicurus in the Enlightenment*, Oxford, Voltaire Foundation, 2009, p. 69-84.

■ 28. L'idée de Dieu alors n'est que le résultat de notre « étonnement » : « Tous les yeux, dit-on, sont optiquement faits, toutes les oreilles mathématiquement ! Comment sait-on cela ? Parce qu'on a observé la Nature ; on a été fort étonné de voir ses productions si égales, et même si supérieures à l'art; on n'a pu s'empêcher de lui supposer quelque but, ou des vues éclairées. », La Mettrie, « Système d'Epicure », *op. cit.*, p. 360.

le dédoublement du voir et de l'être vu, d'avoir à faire face à ce que Lacan appellera « ce voir à qui je suis soumis de façon originelle », de ce monde qui « nous apparaît comme omnivoyeur »[29]. L'erreur consiste à s'imaginer un Sujet là où il n'y a que le processus de réflexivité de la matière vivante. La fiction qui est implicite dans le récit religieux, et qui est en fait le produit même de ce récit, c'est l'idée d'un « Sujet du Savoir », Dieu (ou la Nature) comme sujet imaginaire créateur et omniprésent où l'on ne cesse de se regarder en miroir. Toute la métaphysique ne fait que construire et légitimer la place de ce qu'Althusser nomme cet « Autre Sujet, Unique et central », sujet omnivoyant mais invisible pour nous : « Dieu est donc le sujet, et Moïse, et les innombrables sujets du peuple de Dieu, ses interlocuteurs-interpellés : ses miroirs, ses reflets », et donc nous constituer comme « sujets » dans notre rapport à la nature[30]. Althusser conclura que « la structure de toute idéologie, interpellant les individus en sujets au nom d'un Sujet Unique et Absolu est spéculaire, c'est-à-dire en miroir »[31]. En faisant l'histoire naturelle de cette structure miroir, au cœur du rapport idéologique à la nature, La Mettrie produit, comme dirait Tosel, une « rupture épistémologique » fondatrice du matérialisme critique[32.] Il substitue à « l'idéologie comme système de pensée représentant le rapport imaginaire des individus à leurs conditions réelles d'existence », c'est-à-dire cette illusion « du sujet qui se reproduit comme sujet », une philosophie naturelle qui explique le fonctionnement de l'idéologie sans produire une nouvelle théorie du sujet connaissant.

Le dispositif de la mise en miroir des discours

On peut relire l'œuvre de La Mettrie aussi comme celle d'une recherche pour une nouvelle forme ou esthétique pour la philosophie critique qui permette cette entreprise critique de la mise à distance, et de saisie des rapports – une nouvelle forme du système. Une des formes critiques que La Mettrie essaye et remanie sans cesse, c'est celle du montage en miroir des images et des textes, disposant les uns au regard des autres, pour permettre au lecteur la recherche infinie d'analogies et de correspondances.

Le dispositif-concept de l'œil-miroir est donc développé dans deux directions complémentaires. D'abord, comme on l'a vu, comme une structure épistémologique qui permet de faire l'histoire de la religion et autres discours asservissants. Ensuite, comme le prototype d'une nouvelle forme critique de la philosophie matérialiste : le montage en miroir des discours.

Le philosophe matérialiste devient alors le grand metteur en scène de la métaphysique classique, faisant un usage philosophique des tropes baroques du double et du théâtre dans le théâtre[33]. De même que le dramaturge

■ 29. J. Lacan, « Les Quatre concepts fondamentaux de la psychanalyse » (1964), *Le Séminaire de Jacques Lacan*, Livre XI, Jacques-Alain Milner (éd.), 1973, p. 69. « Le spectacle du monde, en ce sens, nous apparaît comme omnivoyeur. C'est bien là le fantasme que nous trouvons dans la perspective platonicienne, d'un être absolu à qui est transférée la qualité de l'omnivoyant. », J. Lacan, « Les Quatre concepts fondamentaux de la psychanalyse », *op. cit.* p. 71.
■ 30. L. Althusser, *Sur la reproduction*, Paris, P.U.F., 1995, p. 230-231.
■ 31. *Ibid.*, p. 232.
■ 32. A. Tosel, « Le marxisme au miroir de Spinoza », *op. cit.*, p. 208.
■ 33. F. Markovits, « La Mettrie, l'anonyme et le sceptique », *op. cit.*, p. 86.

arrange les répliques des comédiens de telle façon que l'action illocutoire réciproque des personnages contribue à faire avancer l'action, de même ici le philosophe met en jeu des thèses en miroir, les conjugue de façon à ce qu'elles s'éclairent et parfois se détruisent entre elles, et dans ce jeu de lumières, elles éclairent le lecteur des rapports que ces thèses entretiennent entre elles. C'est cette esthétique qui structure une partie ou la totalité de ses principales œuvres philosophiques : *L'Homme-machine*, l'*Abrégé des systèmes* et le *Discours Préliminaire*.

Dans *L'Homme-machine*, à la suite même de cette réfutation de Pluche, après avoir présenté tour à tour les arguments des athées et ceux des théologiens, et après avoir fait remonter les idées d'origine, de Dieu et de sujet au fonctionnement même de l'œil, posant l'hypothèse de ce miroir interne de l'âme, La Mettrie conceptualise son propre texte comme un jeu de miroirs : « Tel est le pour et le contre, et l'abrégé des grandes raisons qui partageront éternellement les Philosophes. Je ne prends aucun parti ». Quand il s'agit de spéculations métaphysiques, « ce n'est pas dans notre pouvoir de décider qui a raison dans cette controverse » affirme La Mettrie en citant les *Bucoliques* de Virgile. La philosophie doit simplement montrer comment la controverse s'organise, comment les abstractions de la raison sont mises en scène et agissent[34].

Cette structure de confrontation des positions opposées est établie dès le début même de *L'Homme-machine* : « Je réduis à deux les systèmes des philosophes sur l'âme de l'homme. Le premier, et le plus ancien, est le système du matérialisme ; le second est celui du spiritualisme »[35]. Le but de cette mise en scène des positions philosophiques se regardant l'une l'autre, est surtout de les mettre en perspective pour un tiers, le lecteur, dans l'espoir de dévoiler leur fonction et produire une dés-identification ou catharsis philosophique vis-à-vis des thèses énoncées. Le matérialisme lamettrien n'est donc pas primordialement une philosophie engagée ou de la prise de parti. Elle commence par se dégager des partis déjà pris, de l'idéologie comme pensée embarquée[36]. Comme l'a montré Markovits,

> plutôt qu'en matérialiste, La Mettrie écrit donc en sceptique : identifiant les auteurs aux œuvres, il joue le mécanisme contre le spiritualisme, le matérialisme contre le mécanisme, le leibnizianisme des transitions insensibles dans les espèces naturelles et le spinozisme en matière de droit, la scolastique et la théologie…[37].

34. La Mettrie, « L'Homme-machine », *op. cit.*, p. 97.
35. *Ibid.*, p. 63.
36. Voir Isabelle Garo, *L'idéologie ou la pensée embarquée*, Paris, La Fabrique, 2009. C'est une dichotomie que La Mettrie lui-même rejette, et c'est pour cela qu'il renvoie ces discours l'un à l'autre. Il le dira dans *L'Homme-Machine*, que nombre de ces querelles de doctrines relèvent d'un « abus des langues », dans « l'usage de ces grands mots, Spiritualité, immatérialité, etc., placés à tout hasard, sans être entendus. », La Mettrie, « L'Homme-machine », *op. cit.*, p. 81.
37. F. Markovits, « La Mettrie, l'anonyme et le sceptique », *op. cit.*, p. 87. La Mettrie renvoie dos à dos aussi bien le « Spiritualisme » et le « Matérialisme » comme deux doctrines métaphysiques également erronées, et son adhésion à la position matérialiste est tactique, et non pas le signe d'une reconnaissance dans ses thèses.

Le propre de la connaissance philosophique c'est de ne se reconnaître ni dans un système d'idées ou dogme ni dans l'autre, mais de pouvoir en penser les rapports, et de les mettre en rapport avec la nature.

Plusieurs critiques ont montré que la métaphore de l'homme-machine est aussi une métaphore du texte philosophique lui-même qui est aussi pensé comme un assemblage de mille ressorts « qui tous se montent les uns par les autres, sans qu'on puisse dire par quel point le cercle humain, la nature a commencé »[38]. Il s'agit d'un texte vivant dont les différentes pièces, arguments, observations ou histoires agissent les unes sur les autres comme des ressorts pour choquer et faire réagir le lecteur, et non pas pour confirmer ses anticipations.

L'Homme-machine ne suit pas une architecture de comparaisons ou parallèles préétablie, pas plus que le texte n'avance en dévoilant un scénario déjà écrit. La machine textuelle matérialiste, en effet, procède souvent de façon assez baroque, car elle ne fait pas apparaître un ordre ou principe organisateur préétabli ou un point de vue dominant. En privant le lecteur d'un point de vue de la totalité qui dévoilerait un sens unique de l'ensemble, une clé de lecture, ou une progression de la raison, le texte refuse aussi de produire la position du sujet du savoir. La machine-textuelle matérialiste crée plutôt un labyrinthe des thèses dans lequel le lecteur est censé se perdre, ou plutôt rebondir, produisant un mouvement de circularité des savoirs et des points de vue.

La machine textuelle matérialiste procède souvent de façon baroque

Le système de textes ainsi montés ou conjugués produit un « effet critique » sur les discours, en faisant agir, réciproquement, la démarche logique de chaque position philosophique sur celle de sa ou ses rivales ou contradictrices. C'est cette démarche critique double qui caractérise le matérialisme spinoziste et que Markovits a détecté la première : « cet échange des déterminations de l'homme et de la nature », « c'est-à-dire le double fait de naturaliser les faits sociaux et d'historiciser (si l'on peut dire) les phénomènes naturels »[39]. Naturaliser les faits sociaux, en particulier ceux qui ont affaire à la morale (la faute, le remords, le désir) en faisant appel à l'observation stricte de la nature. Historiciser les phénomènes naturels, non seulement ceux du corps, mais aussi ceux de la pensée, au sens où les discours, et en particulier celui de la religion et la morale mais aussi ceux de la philosophie, sont pour les Spinoziens des phénomènes naturels dont il faut aussi faire l'histoire. Le montage des textes dans *L'Homme-machine* permet de mettre en œuvre ces « deux démarches symétriques » de façon simultanée.

On retrouvera ce même montage du texte dans l'*Abrégé des systèmes* (1750) qui est aussi un texte de mise en miroir des différents systèmes de la métaphysique classique pour explorer un problème particulier, celui de la

38. La Mettrie, « L'Homme-machine », *op. cit.*, p. 105. Voir sur ce sujet Ann Thomson, « La Mettrie ou la machine infernale », Corpus, *Revue de philosophie* 5 (1987) p. 15-26 ; et F. Markovits, « La Mettrie, l'anonyme et le sceptique », *op. cit.*

39. F. Markovits, *Décalogue Sceptique*, Paris, Hermann, 2011, p. 193.

catégorie de substance[40]. La Mettrie en conclura que le concept de « substance » qui « autrefois était une question purement philosophique », n'est qu'une réification de la pensée qui « aujourd'hui est un dogme essentiel à la religion », puisqu'il fonde la métaphysique dualiste, l'immatérialité et l'immortalité de l'âme et la théorie du salut, et c'est en ce sens que ce concept est passé dans l'idéologie et le discours du pouvoir, qu'il doit être mis en miroir et détruit. Toujours la même inquiétude de « l'Auteur de *L'Homme-Machine* » qui, tout comme Spinoza, « craint bien que la nature ne soit une première coutume, et que la coutume ne soit une seconde nature »[41].

Ce travail critique pour La Mettrie n'obéit pas à la nécessité d'affirmer un monisme ou matérialisme au sens métaphysique, mais à une prise de position tactique. C'est parce que l'on est interpellé comme sujet ayant une âme immatérielle, et qu'il est devenu « défendu de penser qu'elle n'est pas spirituelle, quoique cette spiritualité ne se trouve nulle part révélée », que cette question de doctrine « n'est pas une petite affaire pour un Philosophe : *hoc opus, hic labor est* [ce travail est le travail] »[42]. Le matérialisme de La Mettrie est un travail de réaction critique (au sens d'action en retour, ou action-miroir) pour contrer une action initiale : celle de l'idéologie religieuse et l'affirmation d'une métaphysique asservissante.

Critique des systèmes et système critique

La Mettrie mène jusqu'au bout une critique des systèmes métaphysiques sans pour autant renoncer à la forme systématique. Comme on l'a montré avec ses textes-machine, il retravaille la forme système de l'intérieur dans *L'Homme-machine*, mais aussi dans l'*Abrégé des systèmes* et dans le *Système d'Epicure*. Son but est de produire des systèmes de pensée vivants, dont les parties seraient des ressorts qui agiraient les uns sur les autres aux yeux du lecteur, qui accompliraient à travers la mise en spectacle des débats un travail critique, pour activer les capacités critiques du lecteur.

Ici La Mettrie participe de cette grande réévaluation de la logique menée au XVIIIe par les sensualistes et empiristes à la suite de la révolution épistémologique inspirée par Locke – réévaluation que Charrak et Cassan ont si bien analysée[43]. Alors que « l'objet traditionnellement attribué à la logique, dégager les principes et l'ordre du raisonnement valide, donne lieu

---

■ 40. Pour La Mettrie, la philosophie ancienne reconnaissait à juste titre une spiritualité et une matérialité « entre une substance substantielle et une substance matérielle, il n'y a donc d'autres différences que celle qu'on met entre les modifications, ou les façons d'être d'une même substance : et selon la même idée, ce qui peut est matériel, peut devenir insensiblement spirituel, et le devient en effet. », La Mettrie, « Abrégé des systèmes », *Œuvres philosophiques I, op. cit.*, p, 276-277. L'*Abrégé des systèmes* est un texte lui-même fait des notes critiques que La Mettrie avait écrites pour une réédition de son *Histoire Naturelle de l'Âme*, et qui en 1750 dans la publication de ses *Œuvres Philosophiques* va devenir un texte à part.

■ 41. *Ibid.*, p. 269.

■ 42. *Ibid.*, p. 277.

■ 43. Voir André Charrak, *Empirisme et métaphysique. L'Essai sur l'origine des connaissances humaines de Condillac*, Paris, Vrin, 2003, et Élodie Cassan (éd.), « Comment peut-on être systématique ? Savoir et encyclopédisme au siècle des Lumières », *Labyrinthe* 34 (2010), et en particulier E. Cassan, « La logique, clé de la philosophie ? », *ibid.*, p. 107-117. Sur la notion de système dans la philosophie des Lumières, voir Julie Candler Hayes, « Introduction. The critique of systematic reason » et « "Système" – Origins and itineraries » dans *Reading the French Enlightenment : System and Subversion*, Cambridge, Cambridge University Press, 1999, p. 3-21 et 22-57. Plus généralement sur l'histoire de la forme système : Walter J. Ong, « System, Space, and Intellect in Renaissance Symbolism », *Bibliothèque d'humanisme et de renaissance* 18 (1956), p. 222-239 ;

alors à des investigations philosophiques nouvelles », Condillac cherche à produire une »élaboration génétique de la logique », pour l'asseoir sur « une élucidation de la genèse des connaissances et des facultés de l'âme », afin de « mettre en lumière le caractère processuel de la constitution des normes et des règles logiques »[44].

La Mettrie entreprend lui aussi cette critique de la forme système dans la mesure où elle se présente comme une forme figée de la pensée qui demeure souvent extérieure et hermétique au lecteur, comme si la vérité avait été décidée d'avance sans son concours. Dans le *Discours préliminaire*, il remet en cause l'efficacité de cette forme de présentation de la pensée :

> Les vérités philosophiques ne sont que des systèmes dont l'auteur qui a le plus d'art, d'esprit et de lumières, est le plus séduisant ; systèmes, où chacun peut prendre son parti, parce que le pour n'est pas plus démontré que le contre pour la plupart des lecteurs ; parce qu'il n'y a d'un côté et de l'autre, que quelques degrés de probabilités de plus et de moins, qui déterminent et forcent notre assentiment, et même que seuls les bons esprits [...] peuvent sentir ou saisir[45].

Le public est donc proie au système élaboré avec « le plus d'art », celui qui apparaît comme « le plus séduisant », et la vérité se trouve prisonnière de la rhétorique. Le problème (ou le risque) de la forme système est donc celle du développement d'une forme de raisonnement refermée sur elle-même qui s'est établie selon une logique a priori, que le lecteur ne pourrait pas « sentir ou saisir » par lui-même, et qui s'impose par des artifices comme « vraie ».

Cette critique du système classique élaborée dans l'*Abrégé des systèmes*, où La Mettrie, après avoir exposé le système de chacun des grands métaphysiciens (Descartes, Malebranche, Leibniz et Wolff), met en avant chez Locke et son rejet du supposé « art de penser » des logiciens anciens et modernes, cet art de construire des « analyses parfaites » pour « prouver les axiomes évidents », d'être un art tout à fait inutile. En effet, pour La Mettrie : « le grand étalage, cette multitude confuse d'axiomes, de propositions générales systématiquement arrangées, ne sont point un fil assuré pour nous conduire dans le chemin de la vérité »[46]. Le concept matérialiste de système propose une rupture radicale avec cet usage scolastique du système, et comme l'affirme Cassan veut rompre avec « une démarche consistant à dégager les normes logiques à partir de la pensée à l'œuvre, et refusant de penser les règles logiques comme des formes abstraites appliquées, comme de l'extérieur, à des contenus de pensée déterminés » propre de la pensée scolastique et métaphysique[47].

Après Locke, La Mettrie affirme que la philosophie doit s'émanciper de la rhétorique, et doit emprunter son modèle de vérité à la science expérimentale.

Daniel Parrochia, *La Raison systématique*, Paris, Vrin, 1993 et Jacques Bouveresse, *Qu'est-ce qu'un système philosophique ?*, Paris, Collège de France, 2012.
■ 44. É. Cassan, « La logique, clé de la philosophie ? », *op. cit.*, p. 107-108.
■ 45. La Mettrie, « Discours Préliminaire », *op. cit.*, p. 21.
■ 46. La Mettrie, « Abrégé des systèmes », *op. cit.*, p. 264.
■ 47. É. Cassan, « La logique, clé de la philosophie ? », *op. cit.*, p. 109.

C'est la raison pour laquelle après l'exposé de Locke, suit celui du médecin Boerhaave, qui rejette toutes les causes métaphysiques et « soumet tout aux lois du mouvement »[48]. Il faut se demander cependant pourquoi le travail de critique des systèmes de la métaphysique mené dans l'*Abrégé des systèmes*, ne conclut pas avec Locke, comme chez Condillac, mais continue avec Spinoza et avec une certaine revendication de la forme système reconstruite de l'intérieur. C'est parce que Spinoza fait un usage non-dogmatique de la forme système, et offre la possibilité d'un système critique qui permet à la pensée de s'exercer. Alors que le système de Leibniz « ne roule que sur la supposition de ce qui se passe dans un être », le système de Spinoza se refuse la grande tentation de prouver logiquement, par la pensée, des positions ontologiques ou métaphysiques qui sont hors de la portée de notre connaissance[49]. Les systèmes des métaphysiciens ne sont que des édifices de raison et arguments logiques fondés sur des imaginations qu'ils cherchent à prouver par des arguments rationnels :

> Comme on dit l'Homme, et le monde de Descartes, on dit les Monades de Leibniz, c'est-à-dire des imaginations. Il est possible, je le veux, qu'elles se trouvent conformes aux réalités. Mais nous n'avons aucun moyen de nous assurer de cette conformité. Il faudrait pour cela connaître la première détermination de l'être, comme on connaît celle de toute figure ou essence géométrique[50].

Le système de Spinoza, en revanche, ne se prononce pas sur la nature de la substance ou Nature, il se contente de prendre acte de son existence pour en déceler ses règles de fonctionnement, et à partir de celles-ci de produire des thèses « conséquemment à ses principes » et de montrer la pensée à l'œuvre[51]. Ou encore, comme l'explique Charrak, la forme-système en tant qu'« architectonique d'un système constitué » permet de « mettre en place les conditions de l'invention », de

> comprendre l'ordre naturel de l'invention en deçà de l'ordre factuel dans lequel elle nous est livrée ou, pire encore, de l'ordre synthétique dans lequel les auteurs l'ont défigurée [;] c'est aussi bien comprendre les moyens de continuer d'inventer[52].

Chez Spinoza les moyens d'inventer sont d'abord les moyens de détruire ou déconstruire et de démontrer la fausseté d'autres discours. Le système spinozien procède par régression méthodique et progressive des opérations logiques de l'idéologie. C'est là pour La Mettrie (et aussi pour Marx et Althusser), ce qui fait sa force critique[53]. Macherey, dans *Hegel ou Spinoza*,

48. La Mettrie, « Abrégé des systèmes », *op. cit.*, p. 267.
49. *Ibid.*, p. 257.
50. *Ibid.*, p. 257.
51. *Ibid.*, p. 268. Spinoza, selon La Mettrie, définit l'unité de la substance, Dieu ou la Nature, comme « cette substance unique, ni divisée, ni divisible », qui est « non seulement douée d'une infinité de perfections, mais [qui] se modifie d'une infinité de manières ». Ce faisant il ne fait qu'enregistrer ce qui existe, dans sa totalité et diversité. *Ibid.*, p. 268.
52. A. Charrak, « Les systèmes du savoir au XVIIIᵉ siècle, une analyse de la raison connaissante », *Comment peut-on être systématique ?, op. cit.*, p. 24.
53. Marx qui écrira à son ami Lassalle « Même chez les philosophes qui donnent une forme systématique à leurs travaux, comme par exemple Spinoza, la vraie construction intérieure du système est tout à fait

a fait ressortir cette force critique, dissolutive, du système spinozien. Hegel reproche à Spinoza d'avoir bâti un système syllogistique trop rigide qui empêche « le retour dans soi-même » de la substance[54], qui empêche le mouvement (c'est-à-dire la progression) de la pensée. Au contraire, comme le montre Macherey, l'usage du syllogisme chez Spinoza établit une forme système qui contient du mouvement, du changement et de l'histoire. Seulement chez Spinoza la pensée ne va pas de l'avant, elle fait marche arrière :

> C'est le régressif d'une dégradation successive qui conduit d'un maximum d'être donné au départ à son épuisement total dans des formes qui lui sont de plus en plus extérieures, et que plutôt que des manières d'être, sont pour lui des manières de ne plus être[55].

Et c'est bien ce travail de consomption et de dépouillement des systèmes et de la forme système même que La Mettrie mène à terme dans l'*Abrégé des systèmes*, abrégé qui suit lui-même une exposition rigoureuse et systématique, une forme-système de type spinozien qui met en marque le pouvoir critique de la pensée. Cette marche arrière ou ce travail de déconstruction s'accomplit dans l'*Abrégé des systèmes* en trois mouvements : 1) exposition des systèmes philosophiques modernes jusqu'à Spinoza (chapitres I à VII ; 2) Réduction de tous les systèmes a deux positions opposées dans le chapitre VIII : « ceux qui ont cru l'âme mortelle et immortelle » ; 3) Conclusion du chapitre VIII qui réduit ces deux prises de position et ses concepts (« spiritualité » et « matérialité » de l'âme) à une modification de la même substance naturelle :

> entre une substance spirituelle, et une substance matérielle, il n'y a donc d'autre différence que celle qu'on met entre les modifications, ou les façons d'être d'une même substance ; et selon la même idée, ce qui est matériel, peut devenir insensiblement spirituel, et le devient en effet[56].

Voilà deux positions ontologiques opposées réduites aux variations d'une même substance. Le système lamettrien n'a fait que prouver une thèse, connue du début, par régression. Le travail de corrosion ou dépouillement des fausses constructions et analogies de l'imagination, qui est un travail non pas sur le donné de la nature, mais sur les opérations de la raison et les discours, ne produit pas des idées nouvelles, mais un rapport nouveau aux idées.

différente de la forme sous laquelle celui-ci l'a présenté consciemment. Le vrai système n'est présent qu'en soi. », K. Marx, Lettre à Lassalle de 1858, trad. fr. A. Tosel, dans A. Tosel, « Pour une étude systématique du rapport de Marx à Spinoza », *op. cit.*, p. 138. Le système spinozien, au contraire, fonctionne comme forme de détermination synthétique du savoir, comme inscription des discours dans la nature, et connaissance des discours (philosophie ou théologie) dans la nature. En déplaçant la question du « Sujet de la connaissance », le système « ne vise plus les choses telles qu'elles sont pour moi, mais il les saisit telles qu'elles sont en soi », mais c'est aussi la forme où les rapports deviennent visibles. Le système de l'*Ethique* toute comme les systèmes du matérialisme lamettrien établissent un système ouvert de correspondances, de mises en rapport des idées, telles qu'elles sont observées dans la nature, sans chercher une origine ou cause secrète à leur fonctionnement ou existence. C'est le cas du *Système d'Epicure* qui fonctionne en effet comme une série de propositions et d'observations sur la nature qui invitent le lecteur à chercher les multiples rapports qu'elles entretiennent entre elles.

■ 54. G. W. F. Hegel, *Logique*, cité par P. Macherey, *Hegel ou Spinoza, op. cit.*, p. 37.
■ 55. *Ibid.*, p. 37.
■ 56. La Mettrie, « Abrégé des systèmes », *op. cit.*, p. 276-277.

La mise en miroir des différents systèmes de la philosophie, leur décomposition et désarticulation qu'accomplit La Mettrie dans ces étranges systèmes que sont ses textes, c'est peut-être le but le plus fondamental du savoir philosophique. Cette forme matérialiste du système critique, qui refuse l'interrogation métaphysique du réel tout en soutenant une cohérence des opérations de la pensée, et qui refuse de construire de grands édifices de la pensée, inscrit une petite mais essentielle parenthèse, ou plutôt une brèche dans l'histoire de la forme système qui va d'Aristote à Hegel. Il s'agit d'une pratique qui a pour but de combattre activement la réification de la pensée et ses concepts, et d'offrir au lecteur la possibilité permanente d'un exercice salutaire de déconstruction et reconstruction des rapports. C'est précisément cette méthode de confronter et renvoyer face à face « deux représentations inadéquates, inverses spéculaires l'une de l'autre, empirisme/idéalisme » qui intéressera Marx, Althusser et tout un courant du spinozien du marxisme qui continue aujourd'hui son travail régressif et corrosif[57].

Blanca Missé
San Francisco State University

---

57. A. Tosel, « Le marxisme au miroir de Spinoza », *op. cit.*, p. 206.

ÉTUDES

LE COUPLE *APTUS-PRAESTANTIA* DANS L'*ÉTHIQUE* DE SPINOZA

Vincent Legeay

L'article entend montrer que la notion d'*aptus* et la notion de *praestantia*, au scolie de la proposition 13 de la seconde partie de l'*Éthique*, constituent un couple remarquable non anodin, parce qu'en partie repris à Hobbes. Après avoir analysé la teneur de cette reprise, depuis l'œuvre du philosophe anglais, dans le vocabulaire spinoziste, nous avançons que l'aptitude ne peut pas être comprise comme une valeur rapprochée de la puissance optimale, telle qu'elle a parfois été interprétée mais plutôt comme une position gnoséologique favorable vis-à-vis des causes extérieures contrariantes que sont les circonstances, et que l'on pourrait assimiler à une forme de complexité au sens contemporain.

À observer le *programme* établi à partir du scolie de la proposition 13 de la seconde partie de l'*Éthique*[1], un lecteur contemporain de Spinoza notera d'abord, à même l'occurrence de la notion d'*aptus*, l'entour audacieux du contexte théorique qui concerne cette « petite physique » lui servant d'appui. C'est sous le double aspect d'une identification générale des aptitudes individuelles[2] et de la supériorité de certains esprits sur d'autres, en l'absence d'investigation sur la « nature » des individus, qu'est donné le coup d'envoi d'une théorie générale des corps composés.

Mais cette nature, je ne peux l'expliquer ici, et cela n'est pas nécessaire pour ce que je veux démontrer. Je dis pourtant, de manière générale [*in genere tamen*], que plus un Corps l'emporte sur les autres [*Corpus aliquod reliquis aptius*] par son aptitude à agir et pâtir de plus de manières à la fois [*ad plura*

---

1. *Œuvres de Spinoza*, traduites et annotées, nouvelle édition revue et amendée par Bernard Pautrat, Paris, Seuil, 2010.
2. Spinoza n'utilise en réalité jamais la notion d'*aptitudo* sous sa notion substantive. Nous nous permettons néanmoins d'outrepasser le caractère seulement adjectival de la notion, à la suite des interprétations classiques comme celles de Deleuze dans *Spinoza. Philosophie Pratique*, Paris, Minuit, 1981, et d'inteprétations plus récentes, mais tout à fait fondamentales, comme celles de Julie Henry, *Spinoza, une anthropologie éthique. Variations affectives et historicité de l'existence*, Paris, Classiques Garnier, 2015.

simul agendum, vel patiendum], plus son Esprit, l'emporte sur les autres par son aptitude à percevoir plus de choses à la fois [*ad plura aptior simul percipiendum*] ; et plus les actions d'un corps dépendent de lui seul et moins il y a d'autres corps qui concourent avec lui pour agir, plus son esprit est apte à comprendre manière distincte [*aptior ad distinctè intelligendum*]. Et c'est par là que nous pouvons connaître la supériorité d'un esprit sur les autres [*cognoscere possumus praestantiam unius mentis*][3].

De cette notion d'*aptius Corpus* et d'*aptior Mens* ressortira peut-être un aspect d'étrangeté voire d'incompréhension pour le lecteur, qui lira d'un œil étonné l'*isomorphisme* de « l'ordre et de la connexion des choses et des idées »[4] reconduit ici sous la forme d'un isomorphisme d'aptitudes, c'est-à-dire de modifications affectives, corporelles et mentales proportionnelles l'une à l'autre, qu'elles soient actives ou passives.

Immédiatement, une audace théorique se dévoile. Non seulement l'*aptus* décrit une variation simultanée de l'âme et du corps puisqu'il s'agit d'un même mode exprimé dans deux attributs, mais la base de la *supériorité* (*praestantia*) d'un esprit sur un autre consiste au moins initialement à entretenir cette simultanéité de la diversité affective (active *et* passive). Pour le dire autrement, le strict isomorphisme des connexions psychophysiques se redouble ici d'une façon peut-être inédite : pour parvenir à des connaissances distinctes, et donc à une supériorité cognitive, le régime passif simultané des deux attributs peut s'avérer utile, pourvu que la diversité affective en soit accrue.

L'aptitude psychophysique possède une positivité en un triple sens : 1) les affections qui sont des passions peuvent permettre, tout autant que les affections actives, à l'âme individuelle d'accroître le nombre d'affections qu'elle peut supporter (voir à ce propos la mention de l'*aptus* dans la proposition 14 de la seconde partie), 2) ces passions de l'âme sont utiles dans un sens surtout quantitatif (voir la proposition 38 de la quatrième partie), 3) que l'individu soit apte semble rendre plus fréquente et plus variée la perception des notions communes (voir le scolie de la proposition 39 de la partie 2). L'âme affirme sa réalité à travers son aptitude à pâtir et à agir, et même l'augmente. C'est par là qu'elle affirme sa différence d'avec les autres âmes. Et de là, précisément, le lien de plus en plus ténu entre la distinction *pour* la connaissance de l'individu (c'est-à-dire la distinction se faisant *en* lui) et la différence et supériorité *de* l'individu en tant que singularité affective reconnaissable extérieurement (le fait pour un individu de *se* distinguer extérieurement des autres).

Au moins minimalement, le problème d'un isomorphisme utile de l'aptitude comme activité et passivité affective suffit à rendre les choses sérieusement problématiques. En effet, si l'aptitude se nourrit du « plus grand nombre » d'affections, la contrariété affective caractéristique du « flottement de l'âme »

---

3. *Éthique*, II, proposition 13, scolie. Pour les commentaires classiques de ce passage, voir notamment A. Matheron, *Individu et Communauté chez Spinoza*, Paris, Minuit, Paris, 1988 ; et P. Macherey, *Introduction à l'Éthique de Spinoza. La seconde Partie, La réalité mentale*, Paris, P.U.F., 1998. Voir également Chantal Jaquet, la section sur le problème de la différence entre les corps dans *Les Expressions de la Puissance d'agir chez Spinoza*, Paris, Publications de la Sorbonne, 2005.

4. Voir la proposition 7 de la seconde partie de l'*Éthique*.

ne se tient jamais très loin, comme logée au sein de la diversité affective infinie des causes extérieures[5]. Dans ce cas, il semble difficile de comprendre comment la distinction des idées peut suivre une variation affective continue simultanément psychophysique.

Notre question, dès lors, est tout à fait simple : l'*aptus* n'est-il pas autant une solution qu'un problème en ce qui concerne la possibilité pour l'âme de mettre de la distinction dans ses connaissances et de se distinguer vis-à-vis des autres ? Car comment alors expliquer que le critère très cartésien de la *distinction* cognitive soit chez l'Amstellodamois fondé sur l'isomorphie des aptitudes de l'âme et du corps, qui explique également les différences et les supériorités (donc les distinctions au sens des différenciations) entre les individus ? La *distinction* des idées chez Descartes reposait sur l'opposition ontologique et modale de l'âme et du corps, à savoir sur la possibilité toujours offerte à l'âme de se réfugier, comme à l'abri du corps et de ses variations sans fin, dans des idées claires et distinctes. À l'inverse, Spinoza envisage l'aptitude, isomorphisme de la variation affective psychophysique, comme véritable *solution* pour comprendre la distinction des connaissances en l'articulant ensuite à la façon de reconnaître un individu qui *se distingue* des autres par une supériorité. Comment l'expliquer ? À cette question nous attachons un enjeu, celui de l'explicitation du lien affirmé entre *aptus* et *praestantia*.

Nous y répondrons de la façon suivante : d'abord nous emprunterons une piste historique trouvant dans Hobbes la première mention du couple notionnel *aptitude/praestantia*, ou du moins un proche équivalent, donnant voie à l'apparition d'une qualification singulière chez Spinoza. Cette source permet à notre auteur, semble-t-il, d'exploiter l'aptitude autrement que comme simple valeur approchée de l'essence et de la puissance individuelle. Dès lors, cette double considération permettra de considérer d'un œil neuf la notion de *praestantia* comprise non plus comme « supériorité » humaine, mais comme caractérisation épistémologique radicalement nouvelle, à savoir le nom donné à l'accommodement singulier vis-à-vis des circonstances.

Naissance double des deux concepts chez Hobbes

Un des premiers écarts de Spinoza vis-à-vis de la pensée cartésienne consiste à affirmer le lien entre *distinction* cognitive et *aptus* individuel, irréductiblement corporel et mental. Or, en tant qu'explication largement programmatique de la supériorité d'un esprit sur les autres (*unius mentis praestantia*), l'aptitude est marquée par l'entour mécaniste d'un contexte affectif corporel entièrement explicable par les lemmes de la « petite physique ». Cet entour est également aléatoire d'un certain point de vue, car soumis aux difficultés et imprévisibilités de l'ordre commun de la nature. D'où une difficulté à comprendre comment l'auteur peut tenir pour évident que l'*aptus* et la *praestantia* aillent de pair.

Faisons alors tout de suite la remarque suivante : la première occurrence de l'*aptior* côtoie la première occurrence de la *praestantia* (cette notion ne reçoit que quatre occurrences dans le corps de l'*Éthique*). À notre connaissance, ce fait a été peu ou pas souligné. Or il n'est pas anodin que les deux notions s'*annoncent* au même moment. L'aptitude doit expliquer cette *praestantia*, fondée sur la *distinction* des idées, tout en la rattachant à une théorie des niveaux de compositions corporelles.

Au moment de la première occurrence textuelle, Spinoza précise immédiatement que l'individu n'est pas seulement apte à être affecté d'une façon passive et active, mais qu'il est apte à discriminer parmi ces affections passives et actives, en se rendant de plus en plus actif. Or, en établissant de façon distinguée et conjointe ces deux perspectives (procédure de simple accumulation affective et procédure de discrimination affective), il n'est peut-être pas inutile de préciser que Spinoza fait fonctionner une distinction conceptuelle qui doit peut-être plus à une tradition hobbesienne que cartésienne[6].

En effet, Hobbes, dans le *Léviathan*, distingue entre une capacité de simple accès à des images et des affections différentes, et la faculté d'opérer un tri parmi celles-ci, toutes deux classées sous le genre unique de l'»ability » ou du « wit » (ou encore « witte »), vertu intellectuelle qui peut elle-même être redistribuée selon deux sous-espèces[7]. Hobbes marque une double différence entre ces vertus en distinguant entre les vertus naturelles et les vertus acquises, ce qui place l'*ability* directement dans une dimension biologique prononcée, puisqu'elle suit les mouvements plus ou moins rapides de l'imagination, entretenus par l'*usage* (*use*) et l'*expérience*. L'auteur précise bien que cette *ability* est discrétionnaire tout autant que commune : les hommes la désirent communément pour eux-mêmes, mais elle permet également de faire des différences entre les individus (« the same word Witte, be used also, to distinguish one certain ability from the rest »). Or la distinction opérée par Hobbes dans le chapitre 8 est intéressante dans la mesure où l'»habileté naturelle » elle-même est scindée d'une double façon. La première *ability* est celle d'enchaîner de façon plus ou moins rapide donc plus ou moins redondante

---

◼ 6. Il est important de noter que Spinoza possédait dans sa bibliothèque les *Éléments de Philosophie* de Hobbes et pouvait donc connaître ces distinctions.

◼ 7. Voici le passage du chapitre 8 de la première partie du *Léviathan*, que nous reproduisons en note pour des raisons de longueur : « And by Vertues INTELLECTUALL, are always understood such abilityes of the mind, as men praise, value, and desire should be in themselves; and go commonly under the name of a Good Witte; though the same word Witte, be used also, to distinguish one certain ability from the rest. [...] These Vertues are of two sorts; Naturall, and Acquired. By Naturall, I mean not, that which a man hath from his Birth: for that is nothing else but Sense; wherein men differ so little one from another, and from brute Beasts, as it is not to be reckoned amongst Vertues. But I mean, that Witte, which is gotten by Use onely, and Experience; without Method, Culture, or Instruction. This NATURALL WITTE, consisteth principally in two things; Celerity Of Imagining, (that is, swift succession of one thought to another;) and Steddy Direction to some approved end. On the Contrary a slow Imagination, maketh that Defect, or fault of the mind, which is commonly called DULNESSE, Stupidity, and sometimes by other names that signifie slownesse of motion, or difficulty to be moved. [...] And this difference of quicknesse, is caused by the difference of mens passions; that love and dislike, some one thing, some another : and therefore some mens thoughts run one way, some another : and are held to, and observe differently the things that passe through their imagination. And whereas in his succession of mens thoughts, there is nothing to observe in the things they think on, but either in what they be Like One Another, or in what they be Unlike, or What They Serve For, or How They Serve To Such A Purpose; Those that observe their similitudes, in case they be such as are but rarely observed by others, are sayd to have a Good Wit; by which, in this occasion, is meant a Good Fancy. But they that observe their differences, and dissimilitudes; which is called Distinguishing, and Discerning, and Judging between thing and thing; in case, such discerning be not easie, are said to have a Good Judgement : and particularly in matter of conversation and businesse; wherein, times, places, and persons are to be discerned, this Vertue is called DISCRETION. » Le terme de « witte » est interchangeable dans les faits avec celui d'« ability » au sein de l'ouvrage.

des images en n'apercevant entre elles que de simples similitudes, alors que la seconde établit des différences entre ces affections-perceptions. Dès lors l'*ability* ou le *wit* est dite soit tout simplement une « bonne imagination » (« a good fancy ») soit un bon « discernement » (« discretion »).

Certes, ces *abilities* ne sont pas nommées des « aptitudes », bien que, comme nous allons le voir, elles s'en rapprochent fortement. À l'appui de cette compréhension corporelle des enchaînements intellectuels, Hobbes va proposer plus loin, dans le chapitre 10, le terme d'« aptitude » (dont l'édition anglaise précise « fitness, or aptitude » et la latine « dignitas pro aptitudine »), dont la première occurrence côtoie la notion de « compétence » (« worthiness » en anglais), à teneur très sociale. Il reprend ici, précisément, le caractère discrétionnaire de l'*ability* développé au chapitre 8. Seulement, comment comprendre que celui qui est « fit » ou « apt » soit celui qui possède une capacité à percevoir rapidement des similitudes autant qu'à discriminer des différences par expérience ?

Si le chapitre 8 pose que le statut de l'*ability* est de permettre de faire des « différences » (l'anglais utilise le verbe « differ ») en combinant vertus naturelles et acquises, la version latine utilise le verbe « praestat ». Ici l'enjeu semble de différencier extérieurement les individus au sein d'une même espèce et même entre plusieurs espèces. La dimension de comparaison interindividuelle est donc déjà renfermée dans la *praestantia*. L'*ability*, et donc l'*aptitude*, prédique doublement : elle prédique la façon dont le sujet *enchaîne* ses idées intérieurement, et *qualifie* extérieurement ce sujet en fonction de cet enchaînement perceptif interne. En somme, l'aptitude nomme la « compétence de l'individu » selon le double sens du génitif objectif et subjectif. La qualification concerne non seulement l'*état subjectif intellectuel* de l'individu mais aussi sa différence *inter-individuelle* (voire sociale) en fonction de sa « fitness » à assurer ses fonctions.

Cette dimension existe avant Spinoza. Sans pouvoir assurer d'une véritable reprise par le néerlandais, il est notable que s'il retient quelque chose, ce ne peut être que sous la forme d'une articulation corporelle et mentale, et empêche, *a contrario*, de penser que la *praestantia* fût d'abord une simple valeur sociale ou propriété organisée selon les rangs et les hiérarchies dignitaires (ce qu'elle est effectivement chez l'auteur anglais). L'ensemble des *opérations* de l'esprit dites naturelles qui forment l'*ability* au double sens de ce que l'individu est capable de distinguer intérieurement et de la « quality » que cela lui offre socialement sont ancrées dans une mécanique organique bien établie chez Hobbes. Mais surtout, elles sont fondées dans un régime de *comparaison interindividuelle* qui ne concerne pas seulement les humains mais aussi les bêtes. L'aptitude est directement située dans un réseau de *discrétions* qui permet de comprendre les corps et les esprits non seulement inter-spécifiquement mais entre les individus de chaque espèce également, puisque les hommes eux-mêmes cherchent à se démarquer et à se distinguer par elle.

Chez Hobbes, en contexte de variation affective, la *distinction* cognitive vaut comme critère de *différence* ou *distinction* descriptive entre les individus de plusieurs espèces ainsi qu'à l'intérieur d'une seule et même espèce. En somme, l'aptitude permet une connaissance de l'individu au double sens du génitif : connaissance pour l'individu x, et connaissance en personne tierce du *type* d'individu qu'est x. Dans cette version, la discrimination, ou « discrétion » des images et des idées, qui sera un des aspects importants des développements ultérieurs de l'aptitude dans l'*Éthique*, fonctionne avant tout grâce aux mouvements que subit le corps, donc l'imagination ; c'est le degré de composition corporel qui indique donc *in fine* le statut et la prestation gnoséologique des individus concernés.

La théorie hobbesienne lie l'aptitude à des jugements et à des discernements différents, en fonction des séries imaginatives et corporelles bien ou mal ordonnées, c'est-à-dire plus ou moins organisées dans leurs saisies des similitudes et des différences. De la même façon, dans la « petite physique », Spinoza insistera sur l'aspect comparatif que ces rapports de mouvements et de repos créent dans l'âme. L'aptitude est un compte-rendu psychophysique de ces enchaînements plus ou moins bien organisés.

Seulement, ce problème, défriché par Hobbes dans ses *Éléments de Philosophie*, et notamment dans le *Léviathan*[8], est posé à nouveaux frais par l'auteur de l'*Éthique* : il s'agit de penser l'apparition d'un ordre intellectuel à partir de l'»ordre commun de la nature » selon une concomitance stricte et rigoureuse de l'âme et du corps. L'*aptus*, d'abord accumulation sans ordre des affections actives et passives, puis distinction des connaissances, mènerait à un ordre vrai, qui *se distingue* de l'intérieur de la pensée d'un individu, et qui *distingue* descriptivement cet individu. Ce programme est polémique lorsqu'il est réinscrit dans la filiation cartésienne du spinozisme, puisqu'il s'agit de penser la possibilité de créer de l'ordre à partir d'une forme de désordre affectif ; c'est-à-dire donc de créer du distinct à partir du confus, ce que Descartes ne permettait pas en rigueur de penser. L'aptitude spinoziste semble permettre qu'on lie confusion initiale et distinction terminale, tout en n'ayant aucunement recours à des expédients conceptuels de disjonction des attributs pensée et étendue et de leurs modes, l'âme et le corps individuels.

Le cadre théorique hérité, bien qu'incomplètement repris, du schéma hobbesien permet peut-être d'abord qu'aux éléments matériels du changement et de la variation corporelle correspondent un ensemble de contenus mentaux ordonnés, sans que cette cohérence ne soit une pure répétition (selon le modèle hobbesien) ou inversement un ensemble de contenus idéels seulement

■ 8. À noter que dans les *Éléments du Droit Naturel et Politique*, Hobbes rive la notion d'aptitude (dont il n'y a qu'une occurrence) à une habitude mécanique, qui permet de comprendre la rigidification de séries de mouvements en un ordre idiosyncratique et machinal. Hobbes déclare, dans le paragraphe 14 du cinquième chapitre du *Traité* : « Il est de la nature de presque tous les corps qui sont souvent mus de la même manière d'acquérir de plus en plus de la facilité ou de l'aptitude au même mouvement ; par là ce mouvement leur devient si habituel que pour le leur faire prendre il suffit de la plus légère impulsion [*It is of the nature almost of every corporal thing, being often moved in one and the same manner, to receive continually a greater and greater easiness and aptitude to the same motion ; insomuch as in time the same becometh so habitual, that to beget it there needs no more than to begin it.*] » (Nous reprenons la traduction d'Holbach, London, 1772). Spinoza n'a pas recours à cette solution de l'habitude machinale transformée en simple litanie d'ordre. L'aptitude ne se manifeste pas dans l'imagination humaine sous l'apparence d'une simple habitude mais se concrétise à travers des changements d'affections sans interruption et donc jamais complètement rigidifiés sauf sous certains états de stupéfaction ou d'illusion précisément dénoncés.

présents dans l'esprit (selon le modèle cartésien)[9]. En dernière analyse, chez Spinoza, comme chez Hobbes, ce sont ces enchaînements affectifs cultivés dans les hommes qui fondent leur capacité ou aptitude parce que constituant le type d'idées qu'ils utilisent. Présenté sous cet angle, le défi de penser la distinction à partir d'une confusion initiale, et cela de façon univoquement psychophysique, établit une problématique héritée probablement de l'auteur anglais[10].

Une *distinction* « approchée » ?

Une fois cette précision faite, et l'élément de liaison entre enchaînement affectif, distinction cognitive et diférenciation inter-individuelle mis en évidence, un problème se pose, semblable à celui présenté par Matheron lors de son analyse de l'individualité élémentaire, dans son ouvrage *Individu et Communauté*. En retraçant jusqu'à Hobbes le court itinéraire du couple théorique *aptus/praestantia*, il apparaît que la distinction fondée sur l'*aptus* soit autant un moyen de différencier que de *référencer* un individu[11]. Or, la description de l'*aptus* dans le texte spinoziste de la proposition 13 de la seconde partie de l'*Éthique*, fondée sur une évaluation globale de la quantité de modification affective qu'un individu peut supporter, semble hériter de

■ 9. C'est d'ailleurs tout le sens de la reprise spinoziste de la notion d'enchaînement (*connexio*) dans l'*Éthique*, qui est un ensemble affectif ordonné de la même façon dans le corps et dans la pensée. Voir à ce propos la proposition 7 de la seconde partie de l'*Éthique*; ainsi que l'analyse produite par V. Morfino dans *Le Temps de la Multitude*, Première Partie, Paris, Editions Amsterdam, 2010. L'auteur distingue entre « série » et « enchaînement » ou « connexion », ce qui correspondra, comme on verra plus loin, à notre dessein de restitution du type de complexité organique de la praestantia. Nous tenterons précisément de compléter cette analyse, dans la mesure de nos humbles moyens.

■ 10. L'enjeu pour mesurer cet héritage consiste à lire attentivement le chapitre 10 de la première partie du *Léviathan* anglais de 1651 : « La capacité est une chose qui diffère du prix ou de la valeur d'un homme, et aussi de son mérite et de ce qui lui est dû, et consiste en un pouvoir particulier, en une compétence en quoi il est dit être capable, laquelle compétence particulière est habituellement nommée qualité propre ou aptitude [*Worthiness is a thing different from the worth or value of a man, and also from his merit or desert, and consisteth in a particular power or ability for what whereof he is said to be worthy; which particular ability is usually named fitness, or aptitude.*] » (Nous choisissons de traduire nous-même l'ensemble de ce passage. Les deux difficultés résident dans l'emploi de l'adjectif « worthiness » volontairement distingué de « worth » par Hobbes et dans l'emploi de la « fitness » faisant double sens avec l'« aptitude ». Nous motivons essentiellement ces choix par la résonance qu'ils peuvent avoir avec le vocabulaire de Spinoza). Ici Hobbes coupe complètement le lien entre aptitude ou capacité d'une part et valeur ou mérite d'autre part parce qu'il s'agit dans le premier cas d'une description non civile des individus mais naturelle. La capacité définit la façon dont les individus manifestent l'organisation des images matérielles et idées construites, par opposition aux enchaînements fortuits ou de pure association hasardeuse.

■ Finalement, que la *praestantia* et la *differentia* soient liées d'une façon évidente dans l'esprit de l'auteur néerlandais, très probablement à cause de leur origine politique, une autre preuve peut en être trouvée dans leur rapprochement lexical opéré ailleurs que dans l'*Éthique*. Pour seule preuve, une mention explicite de leur interjeu peut être trouvée au tout début du chapitre IX du *Tractatus Politicus*. Parmi les sept occurrences dérivées du *praestare* (excepté son sens de prêt) qui peuplent ce dernier traité, celle-ci est la plus claire. Spinoza dit, à propos des régimes politiques, « Sed ut utriusque differentiam et praestantiam noscamus » (« mais afin que nous connaissions la différence et la supériorité de chacun »). Rappelons que c'est chaque fois, dans ce traité, vis-vis des circonstances naturelles (c'est-à-dire des variations affectives au sein de la multitude et en dehors de la Cité) dans lesquelles les individus ou les États sont placés que leurs différences peuvent se jauger.

■ 11. Il suffit à ce propos de voir le rôle de l'aptitude dans le scolie de la proposition 39 de la cinquième partie de l'*Éthique*. Le terme de « référence » est explicitement employé par Spinoza, ce qui maintient la cohérence avec la dimension comparatiste du programme d'*E*. II, 13 *sc.* : « Les Corps humains étant aptes à un très grand nombre de choses, il ne fait pas de doute qu'ils peuvent être de nature telle qu'ils se rapportent à des Esprits [*quin ejus naturae possint esse, ut ad Mentes referantur*] ayant d'eux-mêmes ainsi que de Dieu une grande connaissance. ».

l'aspect très fluctuant de son objet. Si l'aptitude permet de distinguer autant les connaissances que les individus eux-mêmes, elle ne semble pas rendre compte de l'*essence* ou de la *puissance* des individus, ayant laissé hors-jeu toute considération de nature.

Matheron explique en ces termes la loi à l'origine de l'impossible concordance de l'essence et de l'état individuels pour les corps très composés, donc très aptes : « Il en ira tout autrement dans le cas des corps **complexes** : en règle générale, persévérer dans son être n'est pas persévérer dans son état »[12]. Les corps composés sont constamment dans une tension entre la persévérance dans leur être et la persévérance dans leur état. Or, pour vivre de façon complète en tant qu'être composés, il leur faut accentuer cette tension en se rendant aptes de multiples façons à changer d'états corporels et perceptifs. L'aptitude comme variation constante des contenus affectifs corporels et mentaux s'appuie sur cette souplesse compositionnelle des individus et sur leur capacité à fonder la persévérance dans l'être sur la non-persévérance dans leurs états[13].

Chez Matheron, ce processus d'organisation de la persévérance dans l'être fondé sur une composition est posé dans les termes d'une « formule » individuelle. Tout le problème consiste à décrire comment un individu maintient son rapport de mouvements et de repos global. L'auteur précise en effet les choses :

> Les deux facteurs sont liés : plus un individu est apte à être modifié de plusieurs façons à la fois, plus il est apte à faire ce qui se déduit des seules lois de sa nature ; variabilité et indépendance vont de pair. Il reste vrai que, pour les modes finis, la puissance d'agir augmente avec la puissance de pâtir ; mais il est vrai aussi que, plus s'accroît cette double puissance, plus l'agir tend à l'emporter sur le pâtir[14].

La solution de Matheron permettant de faire le lien entre les deux facteurs (celui de la passivité et celui de l'autonomie ou indépendance) est conçue comme un « mécanisme compensatoire » où les affections passives peuvent se contrecarrer, se « contredire », voire même se neutraliser. Dans tous les cas, la passivité comprise irréductiblement dans l'*aptus* décrit un régime seulement approximatif de ce que la puissance individuelle est véritablement et réellement. L'aptitude serait une forme de variation phénoménale en fonction des contraintes extérieures de ce qu'est la véritable puissance de l'individu, comme une variation inessentielle de la puissance fondamentale.

Car Matheron ajoute en effet :

> Or, ce niveau optimum est celui auquel, toutes choses égales d'ailleurs, l'individu *tend* à fonctionner : s'il n'y réussit pas, c'est dans la seule mesure où les causes extérieures l'en empêchent, où son *conatus* est déformé et mutilé par l'environnement. Plus il s'en **rapproche**, plus le déclenchement de ses actions se déduit de sa structure interne, moins les autres corps contribuent à déterminer

12. A. Matheron, *Individu et Communauté chez Spinoza, op. cit.*, « L'individualité élémentaire », p. 28. Nous surlignons. Voir aussi, à ce propos, Victor Delbos, *Le Spinozisme*, Paris, Vrin, 1918. Remarquons que l'auteur parle de corps complexes et non composés. Le terme de complexité n'apparaît pas dans l'*Éthique*.
13. De nouveau, c'est précisément sur ce décalage que le fameux scolie de la proposition 39 du *De Libertate* joue.
14. A. Matheron, *Individu et Communauté chez Spinoza, op. cit.*, p. 50.

son comportement effectif, mieux il actualise ou réactualise son essence; plus il s'en rapproche, plus il agit, moins il pâtit [...] Aussi pouvons-nous poser la double égalité suivante : efficacité du *conatus* = puissance d'agir = aptitude de l'individu à faire ce qui découle des lois seules de sa nature[15].

L'*aptus* est la valeur *approchée* de la véritable puissance corporelle et spirituelle de l'individu. Pour Matheron, comme pour un certain nombre de lecteurs postérieurs, l'aptitude décrit une simple phénoménalité de la puissance, cette dernière étant comprise comme la formule optimale de fonctionnement dont l'aptitude donne, en situation réelle d'interaction (sous une forme que l'on pourra très rigoureusement dire affectée) une « formule » approchée.

L'aptitude serait alors ce qui se déduit de l'ensemble total (appelé F') des rapports de mouvements et de repos du corps d'une part, auxquels il faut ajouter l'ensemble des affections négatives ou perturbatrices empêchant chaque partie du corps composé d'agir correctement d'autre part. L'*aptus* décrirait la conjonction de la loi individuelle et des affections passives liées aux diverses contraintes dues aux conditions extérieures (ensemble appelé F).

Plus haut, Matheron disait déjà :

> Mais *il y a*, pour chaque essence, un niveau d'actualisation optimum : celui qui serait le sien si toutes les modalités de son déploiement dans la durée s'expliquaient par sa seule formule F'[16].

Cette conception est problématique dans la mesure où elle fait l'hypothèse d'une puissance *optimale* enveloppée, non encore « déployée », qui existerait comme formule *avant* son actuel développement dans un ensemble de variations affectives par lesquelles l'individu tend à la fois à affirmer cette formule *et* à supporter au mieux les changements extérieurs qui s'imposent à lui. Le rôle de l'aptitude selon ce critère serait donc d'exprimer « au mieux » (en fonction des conditions extérieures) ou « le plus distinctement » cette puissance optimale pas toujours décelable au milieu de l'ensemble des contraintes affectives extérieures. L'essence étant l'exact équivalent de la puissance, celle-ci est réalisée, hors durée, sous la forme d'un optimum *a priori* mais non encore exprimé sous sa version *actuelle*.

L'usage de cette notion d'« actualité » pose problème. Spinoza ne l'utilise pas sous cette forme, et lui préfère, lorsqu'il utilise la notion d'*aptus*, l'usage ambigu (logique et temporel) de « simul », sur lequel repose précisément l'isomorphisme psychophysique. Pourtant, si l'aptitude exprime la connaissance distincte des individus, au double sens du génitif, il serait difficile de comprendre qu'elle ne fît que rendre « actuelle » une puissance d'être affecté préexistante. Car l'enjeu est moins d'atteindre l'optimum d'une puissance déjà formulable, que d'installer un maximum d'affections mentales adéquates et distinctes dans l'âme de l'individu décrit, en s'appuyant sur sa composition corporelle. Or, justement, cette lecture néglige un élément fondamental de l'utilisation théorique de l'*aptus* faite par Spinoza : cette notion permet de dégager un

---

15. *Ibid.*, page 50. Les italiques sont dans le texte, le gras est de nous.
16. A. Matheron, *Individu et Communauté chez Spinoza, op. cit.*, p. 50.

« maximum » d'adéquation[17], elle n'est en aucun cas l'expression accidentée d'un *optimum* déjà présent.

Plusieurs commentateurs ont fait remarquer le caractère problématique de l'interprétation matheronienne. Charles Ramond, par exemple, dans *Qualité et Quantité*[18] a fait valoir contre elle un double écueil. D'abord, il serait rigoureusement impossible de dire qu'un individu est plus « complexe » qu'un autre en fonction de la composition corporelle et mentale qui lui revient. Il n'existerait pas de degré de complexité qui puisse se déduire de cette nature individuelle très composée et très apte. Le terme même de complexité n'existe pas chez Spinoza, et Matheron lui attribuerait à tort cette notion, lorsqu'il en fait le principe de la dichotomie entre puissance enveloppée et aptitude développée selon une variation affective existentielle. Ensuite, plus fondamentalement, il n'existe pas, selon C. Ramond, d'individuation entièrement quantitative sous la forme d'un « rapport » qui puisse être dit complexe *avant* l'ensemble des variations qu'elle régit. En somme, que l'individu soit très ou peu composé, le *rapport* ou la *loi* qui régit l'ensemble des variations affectives de cet individu n'en reste pas moins simple. Ainsi est évacuée l'idée qu'il existerait *a priori* un *optimum* global de la puissance individuelle en tant que formule enveloppée de tout ce que l'individu pourrait affirmer et supporter.

Dès lors, si l'*aptus* n'est pas la distinction extérieure développée d'une puissance enveloppée, donc si elle n'est pas valeur approchée de la puissance de l'individu, n'a-t-elle, comme dans la compréhension hobbesienne, qu'une fonction de hiérarchisation ? Si l'aptitude permet de *différencier* et *distinguer* les individus, n'est-ce que selon une observation extérieure de leur « dignité » inter-individuelle ?

Supériorité et circonstances

L'aptitude, dès le départ, est coupée chez Spinoza de l'investigation sur la *nature* individuelle. Cette coupure est explicite dans le texte programmatique de la proposition 13, nous l'avons vu. Son régime d'explication est directement fondé sur trois dimensions qui ne cadrent pas avec l'« essence » telle que Spinoza la pense :

1) l'aptitude ne livre pas des éléments ou des propriétés individuelles qui, ôtés, supprimeraient la chose (selon la deuxième définition de la seconde partie de l'*Éthique*), à savoir empêcheraient que la chose soit, ou soit conçue ; car elle exprime également des traits dont l'individu n'est pas entièrement la cause, puisque l'aptitude exprime « toutes » les manières d'être affecté, y compris les manières passives. Si l'aptitude devait se contenter de « traduire » phénoménalement l'essence d'un individu, elle ne pourrait le faire que de façon tout à fait approximative, or nous avons vu qu'il était problématique de penser qu'elle ne soit qu'une « valeur approchée ».

2) l'aptitude est d'emblée comparative, et donc relative à plusieurs individus (c'est-à-dire au moins deux). Ce qu'elle fait connaître de l'individu, c'est donc à la fois le nombre des affections corporelles et mentales qu'il possède

■ 17. Voir, ici encore, le scolie de la proposition 39 de la cinquième partie.
■ 18. *Qualité et Quantité*, Paris, P.U.F., 1995. Voir notamment le chapitre II, et les sections II et III de ce chapitre.

et la supériorité que cela lui donne vis-à-vis d'autres individus. L'aptitude livre une description tout à fait originale en ce qui concerne l'individu concerné, intérieure et extérieure. Dire qu'un individu est apte ne nous fait donc pas cerner son essence d'une façon singulière, à la façon du troisième genre de connaissance, bien qu'il soit possible de dire, inversement, qu'un individu est plus apte que d'autres au troisième genre de connaissance (voir la proposition 26 de la cinquième partie). Le type de prédication que donne l'aptitude elle-même ne correspond pas à un type de connaissance singulière, mais serait peut-être plus proche d'un régime de description coextensive mais non essentielle à un groupe ou une espèce. Si elle devait être transcrite dans le vocabulaire de la logique aristotélicienne, elle devrait être bien plus rapprochée du « propre » que de l'« essence »[19].

3) L'aptitude établit des *distinctions* cognitives non pas d'une manière fixe ou définitive, mais selon une grille de comparaison fondée sur le changement continuel. Elle ne décrit pas un « optimum », ni non plus une valeur fixe, mais la variation organisée des affections en fonction des conditions extérieures. Son apport théorique est coupé de toute définition essentielle de l'individu[20]. Au contraire, l'aptitude pointe une augmentation sans terme des affections corporelles et mentales, seulement répertoriée comme « part maximale » (voir la proposition 39 de la cinquième partie). Toute distinction cognitive faite par l'aptitude repose sur une « variation continuelle » (voir le scolie de la même proposition et la mention tout à fait révélatrice de la « *continua variatione* »).

Nous pouvons alors préciser le rapport entre aptitude et *praestantia* selon la problématique initiale qui était la nôtre, celle de la constante variation psychophysique. Cette *praestantia*, souvent traduite par supériorité, est une distinction non seulement interne et cognitive, mais aussi externe et comparative (comparative inter et intra-spécifiquement). Or, si l'aptitude n'est pas l'expression secondaire (distincte ou approchée) d'une puissance ou d'une essence antécédente, elle est néanmoins à la fois *tendance* à la réalisation de la puissance individuelle et *expression* des arrangements affectifs d'un individu avec les conditions extérieures. Spinoza nomme ce phénomène général d'arrangement, auquel tous les individus sont soumis, l'« accommodement » (*accommodatio*), comme le note le corollaire de la proposition 4 de la quatrième partie[21].

Si l'aptitude traduit une puissance individuelle, elle le fait dans le sens tout à fait fondamental de l'« expression », à savoir sous la forme d'une causalité double : non seulement variation affective d'une singularité discriminée par comparaison, mais également variation affective issue d'une causalité extérieure, liée aux conditions dans lesquelles l'individu évolue. Or, il est patent que la description d'un effet issu d'une double causalité (même lorsque

---

19. Voir *Topiques*, A4, 101b 23 *sq*. Voir également la présentation qu'en fait Porphyre dans son *Isagogè*.
20. Voir sur ce point le second scolie de la proposition 8 de la première partie de l'*Éthique*.
21. « Il suit de là que l'homme est nécessairement toujours soumis aux passions, suit l'ordre commun de la Nature [*Communemque Naturae ordinem*] et lui obéit [*paret*], et s'y adapte [*accommodare*] autant que la nature des choses l'exige [*quantum rerum natura exigit*]. ». Pour une analyse des autres occurrences de ce terme, voir l'article d'Ariel Suhamy dans notre ouvrage, auquel nous nous permettons de renvoyer, Vincent Legeay (dir.), *L'essence plastique. Aptitudes et accommodements chez Spinoza*, pau aux Éditions de la Sorbonne en février 2018.

cette causalité, autonome, est devenue non-concourante, puisque l'individu conserve le caractère *accommodé* issu des *circonstances* affectives) ne puisse pas donner une connaissance singulière de l'essence individuelle. L'aptitude est autant le résultat d'une distinction individuelle autonome que d'un régime affectif pouvant être conçu comme une « détermination » ou « contrainte », dans le sens neutre où Spinoza l'emploie dès la « petite physique »[22].

Mais alors, ne pourra-t-on pas dire, tout à fait rigoureusement, que l'aptitude est bien l'*expression*, rigoureusement, d'une *pression* ? En effet, l'aptitude peut-être comprise comme ce qui ressort de ce concours[23] entre deux ou plusieurs régimes de causalité, entre deux individus ou plusieurs, tout en focalisant la description sur la variation affective corporelle et mentale subie intérieurement pour un seul de ces individus par comparaison aux autres. Ce concours est parfois une convenance, parfois une affection contraire, et parfois nécessite d'entreprendre un « grand changement » ou des « accommodements » quasi infinis. Ainsi, peut-être, l'*aptus* est tout à fait disjoint de l'essence, de la puissance et de la nature individuelle puisqu'il indique un ensemble d'états issus d'une pression des circonstances, donc d'états littéralement *ex-pressifs*, sans que cette pression soit nécessairement négative, puisqu'elle n'est que l'équivalent psychoaffectif de l'« application » (*coercitio*) des corps les uns contre les autres.

Une seconde conséquence pourrait ressortir de cette analyse : dans un sens assez rigoureux, il est donc possible de dire que l'aptitude est un ensemble d'états individuels *complexes*. Si l'on nous accorde l'existence d'une coupure entre aptitude et formule optimale pré-existante nous pensons qu'il est possible de donner un sens à ce terme de complexité, à condition que nous comprenions l'*aptus* comme l'expression d'une individualité singulière en position d'accommodement vis-à-vis des circonstances. Spinoza, il est vrai, n'utilise pas le vocabulaire de la complexité, mais simplement celui de la composition. La « petite physique » en fait d'ailleurs un usage presque immodéré, en envisageant l'univers comme un individu infiniment composé. Il est tout aussi vrai de dire que le rapport de mouvement et de repos d'un individu est simple et non pas complexe ou composé. Il est cependant tout à fait exact, comme le suppose Matheron, qu'il existe une forme de complexité des corps très composés, et donc, notamment, des corps humains ; en un sens bien particulier du terme *complexe* cependant. Or, à notre connaissance, ce sens est rarement précisé.

L'aptitude, qui est un ensemble *fini* d'affections (quoi qu'en grand nombre) expérimentées par un individu dont les circonstances extérieures « exigent » (le mot est de Spinoza) un accommodement « *quasi-infini* » (même

---

■ 22. Voir par exemple la définition de l'axiome 2 : « Quand un certain nombre de corps, de même grandeur ou de grandeur différentes sont pressés [*ita coërcentur*] les uns contre les autres [...] nous dirons qu'ils composent un seul corps, autrement dit un individu [*simul unus corpus sive Individuum componere*] ».

■ 23. Sur cette notion, voir la très bonne mise au point de Sophie Laveran, *Le Concours des parties. Critique de l'atomisme et redéfinition du singulier chez Spinoza*, Paris, Classiques Garnier, 2015. Voir surtout la seconde partie, et dans celle-ci la section « Singularité et adéquation », page 333 *sq*.

remarque, voir *E. IV, appendice* 6)[24], offre un cas tout à fait clair et reconnaissable de complexité physique, au sens d'une non-linéarité des échanges affectifs. En effet, il n'existe pas de *proportionnalité* entre le nombre de sollicitations affectives liées aux circonstances extérieures, relatées par *E.* IV, prop. 4 et *E.* IV, *appendice* 6, et les affections partiellement ou entièrement explicables par l'individu concerné par ces sollicitations, relatées par *E.* II, 13 *sc, E.* II, prop. 14 et *E.* V, 39 *sc.* Spinoza mise d'ailleurs sur cette non-linéarité entre sollicitation affective infinie et aptitude à être affecté passivement et activement de plus de manières (finies) à la fois, en proposant à partir de la proposition 39 de la seconde partie une solution élégante, dont le scolie est révélateur :

L'esprit est d'autant plus apte à percevoir adéquatement plus de choses [*Mens eo aptior est ad plura adaequatè percipiendum*], que son Corps a plus de choses en commun avec les autres corps.

Ce n'est pas ici le lieu d'étudier comment Spinoza résout le problème (logique[25]) de cette non linéarité entre sollicitations extérieures et affections individuelles, lié à l'accroissement global des affections utiles (passives ou actives) dont l'aptitude rend compte. Il reste que si les notions communes permettent effectivement de résoudre ce rapport entre un nombre d'affections individuelles finies « répondant » à un nombre d'affections circonstantielles indéfinies, il est nécessaire de considérer que l'aptitude est une notion directement *complexe*. En effet, si l'individu est *apte* à répondre à un ensemble indéfini de sollicitations affectives à partir d'un nombre fini d'affections (propriétés communes et notions communes), il est peut-être possible de dire que l'aptitude est l'expression complexe de ce rapport non-linéaire, c'est-à-dire non proportionnel, entre l'individu et les sollicitations affectives extérieures.

L'individu est apte à être affecté de plus de manières parce qu'il peut s'accommoder d'une infinité de sollicitations affectives tout en n'ayant qu'un nombre fini d'affections corporelles et mentales disponibles (limite au-delà de laquelle il n'est plus capable (*capax*) de connaître distinctement selon *E.* II, 40 *sc.*). Le nombre restreint d'affections communes sert à s'accommoder d'une infinité « presque » de contextes, à la façon d'une redondance fonctionnelle[26], c'est-à-dire à la façon d'un grand nombre de fonctions adaptatives ou accommodantes assumées par un seul individu fini très composé, dont le scolie de la proposition 39 rend compte. Très littéralement donc, si le Corps humain est très *composé*, son aptitude – comme description *ex-pressive* des déterminations extérieures indéfinies combinées aux accommodements affectifs individuels finis – est *complexe*.

■ 24. À quoi s'ajoute que pour chaque objet faisant partie des circonstances extérieures, dont il existe proba- blement une infinité dans la nature, le même objet peut affecter de plusieurs manières à la fois un même individu, selon la proposition 51 de la troisième partie.

■ 25. Solution établie par les propriétés communes (*propria communia*) à partir d'*E.* II, 39 *sc.* Nous nous per- mettons, là encore, de renvoyer à notre ouvrage collectif, *L'essence plastique. Aptitudes et accommodements chez Spinoza, op. cit.* Il s'agit, au fond, d'approfondir le schéma linéaire simple que Matheron, justement, proposait dans la compréhension de l'individualité complexe, et également d'étendre les intuitions et demandes prononcées par Vittorio Morfino concernant la notion de *connexio*, voir *Le Temps de la Multitude, op. cit.*

■ 26. Voir à ce propos la notion de complexité comme « redondance fonctionnelle » développée par Henri Atlan, par exemple dans *Le Vivant Post-génomique*, Paris, Odile Jacob, 2011.

Conclusion

Concluons sur les conséquences qu'une telle compréhension provoque concernant le couple *aptus/praestantia*.

Si la « supériorité » comparative consiste pour un esprit à faire un usage majeur de ses notions communes, issues de ses affections, propriétés et perceptions communes, il serait tout à fait inexact de penser que l'individu dont la *Mens est praestantia* lui confère une valeur hiérarchique dignitaire à la façon de Hobbes. Il s'agit plutôt de penser la façon dont un esprit se tient (*stantia*) devant (*prae*) les choses, avec à sa disponibilité un ensemble d'affections corporelles et mentales adaptées (ou accommodées) aux affections environnantes, c'est-à-dire aux circonstances (*circumstantia*). Ainsi, la *praestantia* n'est en rien une prestance ou dignité, catégories anthropocentrées, socialement calquées sur des hiérarchies contingentes du corps politique existant. Le concept de *praestantia* pourrait être tout à fait ordonné aux exigences physiques nées du problème de l'aptitude, à la croisée affective d'un concours singulièrement individuel et aléatoirement *circonstanciel*.

De même, on comprend que l'aptitude comme réponse complexe aux circonstances indique une tout autre voie de compréhension que la simple *expression* phénoménale d'une puissance en retrait, qu'elle soit en réserve ou fixée. Il s'agit au contraire d'exprimer la puissance telle qu'elle se tient devant (*praestat*) les circonstances, d'autant plus *consciente* (l'expression « conscience de Dieu, de soi-même et des choses » figure aux côtés de la dernière occurrence de l'*aptus* dans l'*Éthique*) de celles-ci qu'elle les a côtoyées de plus de manières. Si nous voulions résumer la chose, nous dirions que l'*aptus* produit un type de description proposé par Spinoza pour solutionner de façon entièrement covariante et unifiée le problème de la distinction cognitive héritée de Descartes. Solution élégante, puisqu'elle permet de faire l'économie des expédients théoriques fondés sur l'opposition des modalités passives/actives interattributives.

Le concept d'*aptus*, semble-t-il, possède donc en son sein des implications descriptives et épistémologiques rendues disponibles par son maniement précis dans l'*Éthique*. L'individu apte peut se positionner en positions de *praestantia*, lorsqu'il est très conscient et accommodé, c'est-à-dire lorsqu'il s'est rendu *apte à* coopérer avec ces circonstances. Implications dont la théorie de l'adaptation darwinienne, entre autres, saura peut-être tirer profit.

Vincent Legeay
Attaché Temporaire d'Enseignement et de Recherche (ATER)
à l'université Paris Est - Créteil (UPEC)
Centre d'Histoire des Philosophies modernes de la Sorbonne (EA 1451)

LES INTROUVABLES
DES CAHIERS

PRÉSENTATION

Barbara de Negroni

> Le texte de Pierre Francastel que nous publions ici est une communication faite durant un colloque consacré à Nicolas Poussin, qui eut lieu à Paris du 19 au 21 septembre 1958. L'ensemble des communications a été publié, sous la direction d'André Chastel, aux Éditions du CNRS, Paris, 1960. Dans ce texte, Francastel propose une lecture de l'évolution de l'œuvre de Poussin et montre la profonde inventivité de sa peinture.

P oussin offre à Francastel un exemple remarquable de ce qu'il appelle une « pensée plastique »[1], ce qu'on pourrait appeler une pensée de peintre, c'est-à-dire une pensée qui n'est pas conceptuelle mais qui est constituée par des outils plastiques. Selon Francastel, un vrai peintre ne copie pas la nature, il ne la représente pas, au sens naïf qu'on peut donner à ce terme, il la figure. Un homme qui, comme Poussin, « n'est que peintre »[2] élabore une langue directe où toute pensée est un signe plastique : la pensée n'est formulable qu'en termes figuratifs. Les objets plastiques construits par le peintre sont donc toujours des créations et non des copies d'éléments préexistants qui leur seraient extérieurs. Francastel donne ainsi une valeur et une force extraordinaire à la peinture : loin d'être une activité seconde qui n'aurait qu'une fonction illustrative, elle fait partie des acteurs essentiels d'une culture.

C'est particulièrement vrai à propos de Poussin qui est pour Francastel un des très grands peintres français, et un peintre qui a donné à des problèmes complexes des solutions spécifiques. On ne saurait voir en Poussin un pâle imitateur des peintres qu'il a pu découvrir à Rome, son œuvre est profondément originale. Dans *L'Histoire de la peinture française*, Francastel notait que

> le style de Poussin n'est pas le résultat d'un compromis entre le caravagisme, le maniérisme, l'illusionnisme baroque et la tradition raphaëlesque conservée mieux à Rome qu'ailleurs ; il n'est pas de l'Annibal Carrache enrichi et épuré ou du Dominiquin amélioré ; il consiste dans la découverte d'un nouveau

---

■ 1. Cette expression est récurrente dans l'œuvre de Francastel. Voir par exemple *Art et technique*, Paris, Denoël/Gonthier, 1956, p. 12.
■ 2. Voir *infra*, p. 104.

rapport intellectuel de l'homme et de la nature et simultanément d'une nouvelle technique de la forme-couleur[3].

Cette double découverte, qui constitue l'originalité et le génie de Poussin, va le conduire à élaborer successivement différentes solutions pour composer ses œuvres et réussir à y accorder les figures qu'il représente et le fond des tableaux. Dans une première période, Poussin construit des œuvres qui reposent sur une conception dualiste : l'histoire se détache sur un fond, qui reste un arrière-plan. Or, dès les années 1648, il construit des œuvres d'une tout autre nature : tous les éléments y appartiennent à la même unité. On ne peut plus alors dans ses tableaux distinguer un premier plan et un arrière-plan. Cette nouvelle solution plastique a été particulièrement exploitée dans de grands paysages composés où les éléments du paysage et les personnages ont la même importance. Ces nouvelles compositions sont certes subtiles et savantes, mais on ne saurait les penser comme étant purement intellectuelles : un peintre comme Poussin n'élabore pas des concepts, il pense plastiquement, avec des moyens de peintre ; la splendeur des dernières compositions de Poussin s'explique par les moyens plastiques spécifiques qu'il a trouvés, en l'occurrence une rare beauté de la touche de pinceau, et une nouvelle association de couleurs qui crée un nouvel imaginaire.

On comprend alors qu'à la fin de ce texte Francastel puisse comparer le travail de Poussin à celui de Descartes : ce que Poussin a accompli en matière picturale est analogue à ce que Descartes a effectué en mathématique. Descartes a été un inventeur génial en mathématique : il a réussi à traduire la géométrie en algèbre en exprimant les relations géométriques sous forme d'équations algébriques, et a manifesté ainsi l'unité fondamentale de la mathématique. Poussin a été un inventeur extraordinaire en peinture : il a réussi à produire un nouveau type d'unité dans ses tableaux, et a créé ainsi un nouvel ordre de l'imaginaire. Ils joueront l'un comme l'autre un rôle décisif dans l'évolution de la pensée moderne.

■ 3. *Histoire de la peinture française*, tome I, Paris, Denoël/Gonthier, 1976, p. 120. La première édition de ce livre est de 1955, et donc antérieure à la communication au colloque du Louvre que nous rééditons ici.

LES PAYSAGES COMPOSÉS CHEZ POUSSIN.
ACADÉMISME ET CLASSICISME

Pierre Francastel

L'effort de la critique s'est surtout porté, depuis une trentaine d'années, sur la première partie de la vie de Poussin. Les œuvres de sa première période romaine ont fait l'objet ici même, dans ce Colloque, d'un examen si poussé que nous apercevons avec clarté aussi bien leur cohésion que la place qu'elles tiennent dans le courant international de la peinture. C'est, d'autre part, sur la période suivante de l'œuvre de Poussin, celle qui correspond à sa découverte par les amateurs français et qui prélude à son appel par le Roi à Paris en 1640, que s'est principalement exercée la critique académique depuis le XVIIᵉ siècle. Par comparaison, la période de la maturité, celle qui s'étend du retour à Rome jusqu'à sa mort, a relativement été moins étudiée. Et, bien que les grands paysages caractéristiques de la dernière manière n'aient jamais cessé d'émouvoir les amateurs, nous ne voyons pas avec clarté comment ils s'intègrent dans l'ensemble de l'œuvre, ce qu'ils signifient de tout à fait particulier, aussi bien par rapport à Poussin lui-même que par rapport au siècle.

Il m'a donc semblé qu'il serait intéressant de nous poser une double question :

– peut-on considérer que le problème de la personnalité de Poussin est unique, autrement dit peut-on parler de Poussin en général et peut-on croire que le développement de son style s'est fait régulièrement à partir des mêmes prémisses ?

– ou bien y a-t-il lieu de déterminer plusieurs époques et plusieurs formes sensiblement contrastées de la personnalité et du style de Poussin, en fonction, notamment, de l'apparition à un moment donné des grands paysages composés ?

Les réserves que nous avons entendu formuler hier, ici même, par M. du Colombier sur la qualité du dessin dans ces ouvrages montrent bien qu'il existe un problème qui est à la fois de critique directe sur les œuvres et d'interprétation d'une personnalité.

Aussi bien, il me semble que la question ainsi posée dépasse la personnalité de Poussin. C'est un problème qui existe pour les plus grands artistes que de savoir dans quelle mesure, à un moment donné, un créateur n'échappe pas au développement régulier de ce qui a fait l'objet principal de son attention et de son style pendant la période de formation, voire pendant la première partie même très hautement qualifiée de sa carrière. Dans quelle mesure un Poussin – comme un Rembrandt ou un Goya – n'échappe-t-il pas, soudain, au développement régulier de son œuvre pour aborder de nouveaux problèmes dans l'ordre esthétique et dans l'ordre humain ? Autrement dit, n'aperçoit-on pas, à l'intérieur du développement en apparence encore cohérent d'une œuvre techniquement déjà très élevée, un point de rupture qui amène une transformation radicale des rapports de la forme et de l'imaginaire et qui concrétise sous nos yeux l'invention d'un nouveau langage figuratif ? C'est là, au fond, le problème que nous posent les grands paysages composés de Poussin. Nous sommes en présence non seulement, me semble-t-il, d'un cheminement de certains éléments déjà présents dans l'ancienne manière de l'artiste, mais d'une nouvelle idée de la peinture.

Pour essayer de poser en termes précis cette question, nous pouvons prendre un point de départ tout à fait concret en nous plaçant résolument au point de vue plastique, ce qui n'a pas été fait suffisamment, je pense, jusqu'ici. On a toujours essayé d'élucider le problème de Poussin à partir d'un examen de ses idées, de ses sources et de ses thèmes, parfois aussi à partir du matériel d'objets dont il s'est inspiré – objets matériels ou objets figuratifs. Or, le problème Poussin n'est pas un problème de sources, mais un problème de création. Il ne s'agit pas de retrouver ce qu'il a pu prendre à son milieu ou à ses prédécesseurs, mais de définir ce qu'il a personnellement senti et exprimé. Il ne faut, surtout, pas perdre de vue que ce problème de la vision propre de Poussin est un problème de peinture, un problème plastique, et qu'il ne saurait être regardé uniquement ni comme un problème d'information ni comme un problème de réalisation technique. Les symbolismes et les systèmes projectifs ne font que matérialiser des modes de liaison intellectuelle des phénomènes. En se plaçant à un point de vue plastique – et non technique – on écarte la fausse distinction de la forme et du fond. On doit considérer que l'acte de peindre est global et que la figuration implique, indissolublement, la perception du monde extérieur et un schème d'organisation. Le désir de communiquer graphiquement une idée ou une image déjà formée est le propre de l'enfance ou de l'expressionnisme. Il ne s'agit pas, pour un visuel – artiste ou amateur –, de représentation mais de figuration. La connaissance se transmet directement et entièrement à partir de l'image sans relais abstrait. L'objet plastique n'est pas le produit d'une causalité extérieure à lui-même. Il porte en soi la limitation, mais aussi la totalité de ses extensions possibles. Le propre de l'objet plastique est d'être une fois pour toutes tel qu'il est. Ce qui varie ce sont les interprétations possibles. On ne saurait confondre imitation, interprétation et création.

Si nous nous efforçons, donc, d'aborder d'un point de vue plastique – qui rend solidaires un problème de technique et un problème d'invention – les grands paysages composés de Poussin, notre attention se trouve attirée par un problème qui a été présent pour lui dans toutes les périodes de sa carrière, mais qui a reçu chez lui des solutions différentes, vraiment originales seulement à l'époque de ses dernières œuvres. Ce problème est celui de l'accord des figures et du fond.

Il y a là pour Poussin un problème de montage qui me paraît avoir été fondamental. Tout ce qu'a dit M. Pariset[4], toutes les remarques de M. Sterling,

CAHIERS PHILOSOPHIQUES ▶ n° 157 / 2ᵉ trimestre 2019

4. Pierre Francastel fait allusion à deux autres communications de ce colloque : François-Georges Pariset a fait une communication sur « Les natures mortes chez Poussin » en travaillant sur les sources des objets qu'il a peints (peintures et sculptures, mais aussi éléments décoratifs de la Rome antique ou d'autres civilisations) et il explique comment ces accessoires vont progressivement devenir plus rares et moins décorés ; Charles Sterling a fait une communication sur « Quelques imitateurs et copistes de Poussin » en montrant comment

illustrent parfaitement ce point et je n'ai pas besoin de m'y appesantir. Poussin a utilisé des idées et des motifs d'emprunt, des recueils d'images, des modèles, des accessoires, tout un matériel d'objets figuratifs qu'il a essayé de disposer, d'encadrer, d'associer suivant certaines méthodes. Comme l'a montré M. Alpatov, il s'est efforcé d'en faire des compositions. C'est l'effort permanent de Poussin pendant toute sa carrière.

En cherchant ainsi des solutions pour rassembler d'une manière cohérente sur la toile des représentations d'objets matériels ou figuratifs variés, le plus souvent d'emprunt, Poussin a suivi des schémas. Je crois qu'on peut distinguer un certain nombre de séries parmi les montages de Poussin.

Si l'on regarde un tableau comme la *Madone du Pilier* (Louvre), on observe l'emploi d'un procédé traditionnel de la Contre-Réforme. La Vierge se trouve sur un nuage porté lui-même sur une colonne. Le problème du nuage vient d'être étudié dans son ensemble[5]. Il s'agit d'un « outil plastique » qui est utilisé, au début du XVIIᵉ siècle, dans toute l'Europe par des quantités d'artistes, italiens et espagnols en particulier, comme un instrument permettant la mise en relation de deux univers, matériel et spirituel, dont l'existence est affirmée par la doctrine de l'Église. Nombreuses sont les toiles de Poussin où le nuage est utilisé comme instrument principal de composition : *Annonciation* (Chantilly), *Ravissement de Saint Paul* (Louvre), *Sainte Françoise Romaine*, etc.

Un autre procédé d'organisation et de subordination des plans imaginaires et représentatifs est donné à Poussin non plus par la peinture contemporaine mais par sa familiarité avec l'antiquité. C'est celui dont l'*Adoration des Mages* (Dresde et Louvre) nous donne une bonne idée. Il y a dans ce tableau, au premier plan, un groupe qui est traité comme un bas-relief et, derrière ce groupe, un fond d'architecture. Il serait aisé – et intéressant – d'étudier un jour les différentes formules utilisées par Poussin pour intégrer une vision en ronde-bosse et sculpturale de la forme dans un cadre de nature[6]. Car la solution qui consiste à donner comme fond à un groupe sculptural une architecture n'est ni la seule ni la plus fréquente à laquelle il recourt. On distingue, au premier abord, la série des architectures à laquelle appartiennent l'*Adoration des Mages*, le *Thésée retrouvant l'épée de son père* (Florence et Chantilly), le *Triomphe de David* (Prado) et les *Sabines* (Louvre). C'est le style romain et florentin classique, qui règne à Rome dans certains milieux vers 1630, et qui n'est absolument pas propre à Poussin. On dirait plutôt le style Lemaire. Poussin se manifeste plutôt lorsqu'il s'efforce d'intégrer un groupe de figures à l'antique dans un fond de paysage. *Les Aveugles de Jéricho* (Louvre) et le *Moïse sauvé* (Louvre) sont de bons exemples de cette recherche. Le groupe des personnages du premier plan est comme découpé – détouré disent les photographes – et serti dans un fond de paysage, sans lien étroit, sinon idéologique, entre les parties. Il n'y a ni échelle intermédiaire ni

il fait partie des peintres qui ont exercé une influence sitôt leur nouveauté apparue, influence que Poussin exerça quasiment immédiatement en France, malgré la distance (note de l'éditeur).

■ 5. Sur le problème du nuage, *cf.* un article de la *Revue d'Esthétique*, 1958, I : *Un outil plastique : le nuage*, par H. Damisch.

■ 6. *Cf.* un article que j'ai publié autrefois : « Poussin et le milieu romain de son temps », *Revue de l'Art ancien et moderne*, 1935, I.

liaison graphique entre les deux éléments du premier plan et des lointains. Chaque plan fonctionne pour ainsi dire à part. La reconstitution est optique et mentale, imaginaire.

Nous possédons précisément à Chantilly un dessin du groupe des figures de l'*Adoration*. On voit que nous sommes en présence d'une étude faite d'après l'antique et qu'elle aurait aussi bien pu être plaquée devant un fond différent de celui qui a été choisi pour souligner plutôt le rapport de la culture antique et du christianisme que pour donner à la toile une unité antique. On s'en convainc aisément en regardant le *Triomphe de Neptune* (Philadelphie) : c'est un camée qui se découpe, cette fois, non plus sur un fond construit comme à Dresde, non plus sur un fond de paysage pittoresque comme dans le *Moïse sauvé*, mais sur un fond ouvert, neutre, réminiscence des trompe-l'œil monumentaux de l'école de Raphaël.

Pendant très longtemps, la variété des types de composition repose sur la confrontation d'un assez petit nombre de formules et sur le détachement d'un premier plan – celui des histoires – et d'un fond – où la nature apparaît comme soumise à des lois d'organisation déjà antérieurement et immuablement fixées. Nous sommes ici très loin de la formule des grands paysages composés, de cette ouverture extraordinaire de l'espace et, surtout, de cet accord qui existe, figurativement et techniquement parlant, entre toutes les parties de la composition et qui introduit, je crois, dans l'art de Poussin autre chose qu'une progression quantitative du nombre des sources ou qu'un nouveau palier de virtuosité. Nous sommes, maintenant, devant un nouveau problème ; il s'agit, à mon sens, du changement de qualité qui caractérise les grands paysages composés et qui leur donne une valeur toute spéciale.

Jetons les yeux sur un grand paysage de la dernière manière – après 1648 : l'*Ensevelissement de Phocion* (Louvre). La transformation se manifeste ici de deux manières : par le traitement plus poussé du paysage et par l'effacement simultané de la figure humaine et du premier plan indépendant. Les éléments idéologiques ou figuratifs n'ont pas changé. Il s'agit toujours d'une confrontation de l'histoire avec le cadre naturel des destins humains. Cependant, au merveilleux de la légende évangélique ou du romanesque poétique se substitue, à travers l'histoire de l'antiquité, la manifestation d'une sagesse moralisatrice qui insiste davantage sur le rapport individuel de l'homme et de son entourage que sur sa condition globale. Par ailleurs, les éléments qui définissent le thème ne sont plus rassemblés au premier plan en un groupe serré. Dans les anciennes compositions le regard se fixait au centre de la toile sur un épisode fermé ; désormais les éléments narratifs se trouvent dispersés. L'œuvre doit son unité non plus au groupe, isolé du contexte, mais au contraire à une subordination de toutes les parties. Les éléments significatifs et cohérents sont dispersés aux quatre coins de la toile, chaque détail joue par rapport au tout. Simultanément, il n'y a plus de contraste entre la technique des groupes et celle des fonds d'accompagnement. La peinture forme un seul tissu entièrement équilibré dans les limites du cadre, tout de même que la figuration imaginaire se morcelle en éléments tous également significatifs. En un mot, le cadre ne reçoit plus des éléments diversifiés faisant l'objet d'un montage plus ou moins ingénieux, l'unité de la toile résulte de l'extension à toutes ses parties d'une même technique, d'une même attention. La composition n'implique plus la notion de rapprochement d'éléments préformés, elle suppose une organisation particulière à un seul ouvrage en fonction d'un seul sujet où s'identifient un spectacle et une pensée morale. De multiples détails inventés à la fois dans le concret et dans l'imaginaire matérialisent une même inspiration.

On peut trouver, assurément, dans l'œuvre ancienne de Poussin, de nombreux fragments de paysage qui se rapprochent par quelque caractère des éléments constitutifs des toiles de la dernière manière. Il n'est pas question de nier que, dans certains aspects, les formules finales de Poussin ne se trouvent toutes proches de tel ou tel fragment, non seulement de son œuvre ancienne, mais de ses grands inspirateurs comme Titien. Toutefois, c'est méconnaître entièrement le problème que de penser à une simple rupture d'équilibre, à une simple extension de plus en plus grande – et finalement à toute la toile – d'un élément inchangé. Considérant, par exemple, une *Bacchanale* comme celles de Dresde ou de Madrid, considérant plus encore une composition de la période moyenne, comme la délicieuse *Enfance de Jupiter* (Berlin), on voit bien que le paysage reste ici une notation fragmentaire et qui pourrait être modifiée sans que ni le sens ni même l'équilibre plastique de l'œuvre n'en soit rompu. Ailleurs, dans le *Pan et Syrinx* (Dresde), le paysage joue comme une tapisserie ou comme une toile de fond. Dans tous ces cas, le paysage n'apparaît que comme un épisode et aussi comme un des éléments susceptibles de substitution de la mosaïque d'éléments accessoires qui accompagnent un sujet principal, intelligible par lui-même. Le changement décisif est donc l'abandon de cette notion dualiste du fond et du premier plan, l'abandon aussi de la conception suivant laquelle les différents éléments constitutifs du fond confirment ou explicitent partiellement le thème du sujet sans s'identifier avec lui.

Un tableau comme le *Diogène* nous montre dès 1648 le terme de cette évolution. On peut aussi comparer avec intérêt le célèbre tableau de la *Manne* (1639) avec le second *Phocion* (1648) qui nous montre les cendres du grand homme réunies par une femme de Mégare (ancienne collection Derby). Dans la *Manne* du Louvre, comme dans le *Frappement du Rocher* (c. 1637) de l'Ermitage, le rocher fait partie du matériel figuratif de la Renaissance. Le rocher remplace une architecture ou une vue de lagune. Il existe en soi, il est entré dans la toile comme venant du dehors et il peut en sortir ; il est susceptible de substitution. Il est utilisé, comme l'a montré M. Alpatov, en vue d'une conception où ce sont les actes des personnages qui sont significatifs. Le tableau est fait pour montrer en action des hommes qui se caractérisent par leurs gestes. Solution différente de celle de la dernière époque où, précisément, l'action de l'homme n'est pas isolée et encore moins opposable à celle de la nature. Ici, l'homme se fond dans la réalité universelle. Dans le cas du *Phocion*, le geste de la femme n'est plus qu'un mince élément de compréhension ; c'est un certain ordre de la nature qui rend sensible à notre esprit le sens panthéiste d'une composition qui proclame la perte de toute individualité au sein de la sereine nature.

Toutefois on ne saurait, à mon avis, justifier uniquement par des raisons de composition l'existence d'une coupure dans le style de Poussin. Je ne crois pas que l'on puisse rendre compte de ce changement de la qualité et des buts de son art indépendamment d'une étude attentive de ses procédés techniques. J'ai eu récemment l'occasion d'être frappé de ce fait en traversant Berlin et en y revoyant les belles toiles qui y sont conservées. En particulier le *Saint Mathieu avec l'ange*. La qualité, la beauté des Poussins de la dernière période est, avant tout, due à une perfection rare de la touche. On n'a pas assez insisté sur ce point lorsqu'on a analysé son art. Il ne fait aucun doute que, dans les œuvres anciennes, déjà, les qualités proprement picturales ne se trouvent à un haut degré chez Poussin, mais, dans sa dernière manière, il s'élève au niveau des plus grands parce qu'il découvre une technique du rendu total par la couleur.

Ce sont des touches sensibles et sensuelles qui ne représentent plus seulement une lumière qui joue sur des objets, mais la forme dans sa totalité. Les très beaux Poussins annoncent les beaux Cézannes. Par cette même capacité de la touche colorée à rendre la forme, par cette fusion intime de la vision dessinée, analytique, et de la vision sensible, colorée, qui exclut toute distinction entre l'univers des formes et l'univers des couleurs et des lumières. L'unité de l'œuvre de Poussin ne résulte donc pas seulement d'un nouveau sens de l'ordonnance, mais d'une nouvelle conception du rapport de l'homme avec l'univers, aussi bien sur le plan de la perception que sur le plan de l'imaginaire. L'unité est alors aussi bien plastique et picturale qu'intellectuelle. La main suit l'esprit et réciproquement ; on ne peut pas séparer la forme et le fond.

Au moment où Poussin parvient ainsi à l'invention, je ne crois pas qu'il n'y ait que dépassement des solutions antérieures. L'artiste n'ajoute pas simplement un degré de maîtrise supplémentaire ou un élément de plus à un système éprouvé. Il y a création de moyens spécifiques d'expression. Ils disent, simplement et synthétiquement, tout ce qu'il y a à dire. Comme dans le domaine de la composition, le fait qu'on puisse découvrir dans l'œuvre antérieure de Poussin ou chez quelqu'un de ses prédécesseurs telle touche analogue à la sienne, n'établit pas l'identité des visions. Toutes les techniques utilisent, plus ou moins, un petit nombre de possibilités latentes dans la pratique séculaire des peintres. Les grands créateurs n'inventent pas la touche ou le frottis, la pâte grasse ou le glacis, ils découvrent à un moment donné dans les techniques fondamentales de la peinture le moyen d'exprimer un ordre visuel et figuratif inédit. Le moment vient pour Poussin où, au lieu d'associer dans des compositions savantes et complexes des éléments de style témoignant de l'étendue d'une culture, il découvre la possibilité de matérialiser, par un ordre technique reposant sur l'unité sensible de la forme et de la perception colorée, un ordre imaginaire qui repose sur l'unité de la perception et de la connaissance. La double invention qui se manifeste ainsi chez lui à l'heure décisive de sa carrière n'est pas la suite d'une expérience appliquée, elle n'est pas idéaliste, elle n'est pas rationnelle non plus, elle est en même temps plastique et intellectuelle. Elle repose techniquement sur la capacité d'enregistrer et de reproduire des signes colorés qui traduisent la sensibilité optique d'un homme qui n'est que peintre.

Tout ce que l'on pourra dire de Poussin rationaliste et raisonneur est fondé. Mais il faudra toujours prendre garde au fait qu'il exprime non pas seulement des éléments intellectuels, des notions susceptibles d'être traduites dans un autre langage, mais des images qui ne peuvent être exprimées qu'à travers le langage plastique ou plus exactement même à travers le langage pictural. Étant de ceux qui pensent que la peinture touche aux fonctions supérieures de l'homme, qu'elle traduit la vie profonde des artistes comme les états de civilisation, il ne me semble pas qu'on doive négliger pour autant la spécificité des modes d'expression. Toutefois les analogies ne se placent pas au niveau des formules et des techniques, mais de la vision, des capacités de liaison entre les phénomènes. C'est sur le plan de la causalité que s'établissent, à un moment donné, des analogies entre les différentes branches du savoir et de la sensibilité. Nicolas Poussin n'a pas transposé picturalement des choses vues, il n'a pas non plus figuré plastiquement des choses déjà pensées par lui-même ou par d'autres. Il s'est exprimé dans une langue directe où toute pensée est signe plastique. Pour lui, c'est une couleur posée à côté d'une autre couleur qui établit l'existence d'une relation entre différentes représentations. Provoquées chez lui par une sensibilité de l'œil et exprimées en langage plastique, elles n'en sont pas moins toujours de caractère intellectuel[7].

La grande évolution de Poussin se manifeste donc dans la découverte d'un art où l'homme cesse d'être le simple agent d'une conception oratoire de l'histoire et de la destinée. L'homme est confronté désormais immédiatement avec la nature. Dans ce sens Poussin est peut-être le plus moderne des peintres de son temps. Ce qui apparaît dans ses grands paysages, c'est une primauté de la vision sur la conception, primauté au sens le plus concret, le plus physique du terme. La chose vue par l'œil de l'artiste a la capacité à suggérer un ordre complet de sensations. Il ne s'agit pas d'un mode de présentation de la réalité élaborée sur le plan intellectuel ; l'ordre figuratif – non représentatif – est simultanément visuel et imaginaire.

Aussi je ne pense pas qu'il faille expliquer le panthéisme, le rationalisme final de Poussin – dont Sir Anthony Blunt[8] a parlé à si juste titre – en le rattachant seulement à des courants spirituels comme celui de Campanella. La liaison de Poussin ne se fait pas seulement avec les esprits forts de son temps sur le plan des idées philosophiques. Elle existe surtout – et bien plus profonde encore – parce que Poussin, dans son domaine technique de la peinture, a réalisé une évolution assimilable à celle qu'un Descartes réalisait par exemple, dans le domaine de la mathématique en introduisant l'algèbre dans la géométrie. Une nouvelle notation, un nouveau système de signes traduit nécessairement un nouvel ordre de l'imaginaire, c'est-à-dire un nouveau rapport de l'homme avec le monde des perceptions sensibles. C'est là que se trouve la véritable analogie entre Poussin et les autres grands

■ 7. Sur la transformation des techniques de l'imaginaire au XVIIe siècle, cf. un article récent de P. Rossi, « La Costruzione delle immagini nei trattati di memoria artificiale del Rinascimento », dans *Umanesimo e simbolismo*, Actes du IVe Congrès (Venise, 1958) du Centro Internazionale di Studi Umanistici.

■ 8. Dans l'introduction générale qu'il donne à ce colloque, Anthony Blunt pose le problème de la philosophie de Poussin dans sa vieillesse. Il développera les indications qu'il donne dans son grand livre *Nicolas Poussin*, New York, Bollingen Foundation, 1967. Voir en particulier les chapitre 7 et 10 (note de l'éditeur).

esprits de son époque. Et c'est de la sorte qu'un homme qui ne fut que peintre a pu être un des principaux témoins d'un mouvement de la pensée moderne qui aboutit à soustraire l'homme à l'histoire pour le réaffronter d'une façon directe à son milieu naturel.

Deux anecdotes rapportées par les biographes de Poussin permettent de confirmer le sens qu'il convient de donner à ses grands paysages. La première a été rapportée par Chantelou, historien du voyage de Bernin en France. Cet auteur nous raconte que le Cavalier fut plusieurs fois placé, en visitant des particuliers, devant des tableaux de Poussin, comme si les collectionneurs français avaient voulu connaître son jugement soit pour l'éprouver lui-même soit pour justifier leur appréciation de l'art du français de Rome. Bernin se soumit avec esprit à l'épreuve, se gardant bien de critiquer les ouvrages qui lui étaient présentés, manifestant au contraire une admiration un peu spectaculaire : il se jetait à genoux devant les toiles pour les regarder de plus près – ce qui était peut-être au fond une critique muette d'un des caractères les plus discutés de l'art de Poussin, accusé de ne pas pouvoir se hausser à la grande manière. C'est ainsi, en tout cas, qu'il prononça un jour cette phrase célèbre : « Vraiment cet homme est un grand conteur de fables (*favoleggiatore*) ». Des fables, c'est-à-dire des actions significatives empruntées au trésor des civilisations.

L'autre anecdote fait parler Poussin lui-même. Interrogé un jour à Rome sur le secret de son inspiration, l'artiste se baissa, dit-on, et ramassa une poignée de terre. La montrant à son interlocuteur : « Voici, dit-il, la véritable antiquité ».

Contrairement au commentaire académique de ce propos, Poussin ne voulait pas signifier ainsi son attachement à l'antiquité vue par la Renaissance, à la poussière des ruines d'une civilisation. Avancé dans la vie, au moment même où il élaborait une formule où les figures et les actions humaines ne paraissent plus qu'un élément parmi d'autres dans le spectacle universel, il précise au contraire une conception nouvelle de l'Antique, d'où sort la nouvelle interprétation des rapports de l'homme avec la nature. L'Antique n'est plus à rechercher, pour lui, parmi ces vestiges de monuments qui, depuis Donatello et Brunelleschi, fournissaient à l'homme la mesure de l'univers tel que l'a façonné l'histoire. Le rapport permanent de l'homme et du monde ne passe plus désormais par un modèle ; il est immédiat, spontané, fondé non plus sur la connaissance des témoins du passé humain, mais sur l'appréhension directe du cadre immuable de son destin. Le point de repère n'est pas demandé de la sorte à une tradition de culture, mais à une confrontation immédiate avec le sensible. Poussin se refuse à être davantage le *favoleggiatore*, l'homme qui raconte l'expérience anecdotique des autres générations ; il proclame la valeur supérieure du contact direct de l'œil, instrument de l'esprit, avec le monde des phénomènes. Il réclame ainsi du spectateur un nouveau mode de lecture : il ne s'agit plus de déchiffrer des histoires – selon le terme consacré depuis Alberti – mais de retrouver une expérience sensible, communiquée par une technique et par une stylisation plastique.

Pas question, bien entendu, de faire de Poussin le précurseur des réalistes. Il n'a jamais peint sur nature. Ce n'est pas la vue d'un site qui remplace celle d'une histoire. Renonçant à la légende – ou plutôt la subordonnant à sa vision du monde – Poussin ne renonce aucunement à l'imaginaire. Mais il ne le nourrit non plus d'éléments empruntés à une culture, mais de menus signes caractéristiques pour qui sait lire dans le ciel et sur la terre. Comme plusieurs de ses contemporains, Poussin découvre, dans l'observation aiguë, des formes qui directement l'émeuvent et l'instruisent – sans passer par aucun intermédiaire nécessaire avec les cultures passées. Il est, comme un Cézanne, comme un Matisse, plus ému par un rapport de tons, par une configuration des plans que par une pensée formulable en termes non figuratifs. L'homme moderne se situe au même niveau que l'ancien. Il possède la vision directe de l'univers et la faculté de l'ordonner à partir d'une réflexion sur les données pures des sens. Lucien Febvre a justement noté dans son *Rabelais* que le XVIIe siècle marque le moment où la vue prend la plus grande place dans la culture. Appuyée sur la pratique désormais courante de la lecture, l'association de la chose vue et de la chose pensée s'établit sans recours nécessaire à la symbolique des histoires. Poussin ouvre un nouvel aspect de la fonction picturale, dans le prolongement de tous ceux qui, de Montaigne à Diderot, orientent la culture dans la voie d'une connaissance analytique et intuitive de l'homme actuel. À l'opposé de ceux qui, comme Pascal, livrent des combats désespérés pour maintenir la nécessité de l'autorité. Le peintre sera désormais moins soumis à l'orateur – qui demeure le type des générations humanistes – qu'interprète direct du devenir des civilisations. Créateur du tableau moderne de chevalet – au moins pour les grands sujets – Poussin est dans la logique d'une attitude mentale qui engendre un classicisme créateur des valeurs nouvelles de la culture européenne. Deux siècles auparavant, les Flamands avaient imaginé une grande forme esthétique dans le petit format. Mais ils cherchaient encore à rendre la vision de Dieu dans les choses. Ils demeuraient ainsi fidèles à l'esprit de la symbolique médiévale. La tentative de Poussin s'apparente, au contraire, à l'empirisme naissant. Un recul de la symbolique, de l'emblème, de l'allégorie, l'homme replacé dans son cadre de nature : en réduisant la part du sujet, Poussin a posé une nouvelle conception de la peinture, à la fois dans sa fonction et dans sa forme. En révisant l'interprétation de son œuvre on se convainc de la nécessité de reprendre l'étude du siècle classique en fixant notre attention non plus sur ce qu'il a eu de commun avec ceux qui l'ont précédé, mais de personnel et de novateur.

Le XVIIe siècle voit apparaître un nouvel empirisme[9]. Contact direct avec le monde, traduction immédiate des sensations colorées : ce que nous révèle Poussin n'est pas seulement une certaine analogie avec les conceptions philosophiques des libres esprits de son temps, c'est une position moderne du problème particulier de la peinture – qui est aussi celui du contact journalier de l'homme avec les choses. Contenu moral, c'est entendu, contenu psychologique

■ 9. Sur la possibilité d'une interprétation nouvelle et positive du Classicisme au XVIIe siècle, interprétation qui distingue entre les courants formels et les formes neuves de l'art et de la pensée, *cf.* plusieurs travaux d'approche que j'ai publiés, notamment dans les *Annales* au cours de ces dernières années : « Versailles et l'architecture urbaine du XVIIe siècle, *Annales*, 1955, IV; « Baroque et Classique : une civilisation », *Annales*, 1957, II, (Texte d'une communication faite à Royaumont à l'occasion d'une session organisée par l'U.N.E.S.C.O. pour la révision des manuels d'Histoire); « Baroque et Classicisme : Histoire ou Typologie des civilisations ? », *Annales*, 1959, I.

et métaphysique, sans doute, mais on n'est pas assez attentif lorsqu'on parle d'un peintre au fait que, pour un visuel, la pensée se développe directement au contact de la nature, sans passer par une transposition intermédiaire. Les artistes sont, au même titre que les mathématiciens ou les philosophes des témoins directs de leur temps. Ils ne se bornent pas à illustrer la pensée des autres ; ils instituent, par des moyens qui leur sont propres, un ordre de l'imaginaire qui n'est ni moins riche ni moins clair – pour qui sait les lire.

Le mot de classique, que l'on emploie souvent à propos de Poussin, a créé une dangereuse ambiguïté. On a beaucoup parlé du développement du classicisme chez Poussin à Rome entre 1624 et 1630 et je suis tout à fait d'accord pour admettre que, dans ce milieu et si l'on identifie le classique avec les développements plus ou moins formels et réguliers de la peinture italienne traditionnelle, son apport n'a pas été révolutionnaire. Classicisme ou académisme international du début du XVIIᵉ siècle ? C'est un terrain brûlant sur lequel je ne m'aventure pas ici. Il y a bien un développement de la peinture internationale, qui passe par Rome principalement et qui constitue le développement de certaines méthodes de composition et d'exécution mises en honneur dans les ateliers de la Renaissance. Mais n'y a-t-il pas autre chose au XVIIᵉ siècle, principalement avec Poussin ? Qui pourrait expliquer Racine en disant simplement qu'il a écrit des tragédies en cinq actes et en vers avec l'unité de temps, de lieu et d'action recommandée par les disciples italiens d'Aristote ? Racine, c'est *Phèdre*. Qui pourrait dire que Molière c'est simplement cinq actes de comédie en prose dans la double tradition antique et renaissante ? Molière, c'est *Tartuffe*. Il y a, dans les œuvres vraiment représentatives de la nouvelle culture du XVIIᵉ siècle, un contenu et ce contenu c'est à la fois un contenu moral – un jugement de valeur sur l'univers – et un contenu formel. C'est parce que Poussin a montré qu'en associant les couleurs d'une façon nouvelle sur la toile on pouvait créer un nouveau monde imaginaire, qu'il est vraiment créateur, vraiment moderne et vraiment classique.

SITUATIONS

LE MÉTIER DE PAYSAGISTE
Entretien avec Louis Benech[1]

Louis Benech s'est formé au métier de paysagiste en faisant d'abord un travail d'ouvrier horticole, et il garde une grande passion pour tout ce qui relève de la botanique, du jardinage et de la culture des jardins. Paysagiste de renommée internationale aujourd'hui, il considère que jardiner est le plus beau métier du monde, et sa passion pour son métier donne un éclairage fondamental à ce qu'est un paysage : le paysage relève à la fois de la nature et du travail des hommes, il se définit tout autant par ses caractéristiques géographiques que par toutes les aventures historiques qu'il a pu connaître.

Cahiers philosophiques : *Quelle est la spécificité du travail d'un paysagiste, est-ce qu'on peut considérer votre travail comme un art des jardins ?*
Louis Benech : Un paysagiste organise des choses extérieures, avec comme matériaux de base des espaces qui sont plus ou moins vastes et une forme de vie qu'est la nature. On peut bien sûr dire qu'il s'agit d'un art, mais il est en déphasage par rapport à la conception qu'on a des arts aujourd'hui : l'art a une valeur alors que le résultat du travail d'un paysagiste est sans valeur ; son travail coûte assez peu cher à l'achat ou à la fabrication, par rapport à ce que ça coûte dans le temps, et il ne se revend pas. Notre vision contemporaine de l'art, très mercantile, ne se retrouve pas dans le travail du paysagiste.
Personnellement, je ne me sens pas du tout moi-même artiste. J'estime avoir à régler plutôt des problèmes techniques, et des problèmes sociologiques : je dois comprendre les gens pour qui je travaille et les raisons pour lesquelles j'effectue ce travail. Je dois agir différemment pour une cellule familiale, pour un collectionneur, ou pour un acteur public. Je dois donc analyser quels vont être les usages du lieu : je ne fais pas le même type de travail dans un hôpital ou dans un jardin public. Mon travail est toujours une commande : je dois me plier aux observations et aux perceptions de l'autre et pas à ma seule expression personnelle. Un artiste a beaucoup plus de liberté que moi : aujourd'hui un sculpteur ou *a fortiori* un peintre est plus libre de créer. Le métier de paysagiste, s'il y a de l'art dans sa façon de faire, est extrêmement contraint par des éléments extérieurs.

---

1. Pour voir, au moins en images, le travail de Louis Benech : http://www.louisbenech.com. Nous donnons au long de l'entretien les pages du site consacrées à certains des jardins qu'il commente.

C. P. : *Vous n'avez jamais un contrat où on vous donne carte blanche ?*

L. B. : Si, mais à ce moment-là je m'invente mes propres paramètres. Je suis dans ma façon de travailler contextuel par rapport à ce que je vois : beaucoup de paysagistes essaient de raconter une histoire qui leur est propre et qui finalement n'est pas une réponse au lieu dans lequel ils se trouvent. Ainsi par exemple quand je travaille dans des endroits historiques je suis extrêmement respectueux de ce qui s'est passé et j'ai besoin de me nourrir d'une approche d'une vérité historique pour comprendre la façon dont je vais travailler. J'essaie d'endosser ou le vêtement de la personne qui a été le concepteur initial, ou des circonstances qui ont fait que les gens ont agi de telle façon.

C. P. : *Puisque vous évoquez des endroits historiques, je voudrais vous demander comment vous avez travaillé à Versailles. Comment travaillez-vous dans un paysage qui a été élaboré et réélaboré ? Versailles n'est pas un lieu neutre.*

L. B. : Versailles n'est pas neutre du tout, et Versailles croise deux histoires : c'est une commande dans un site préexistant. C'est Louis XIII qui a formé le petit parc quasiment comme il était au temps de Louis XIV ; Le Nôtre n'y a fait qu'une intervention : il a joué sur des questions de niveau de façon à répondre au souci majeur de Louis XIV, la réunification d'un pays après La Fronde. Pour cela Louis XIV avait besoin d'affirmer son pouvoir, de manifester qu'il tenait sa gouvernance des mains de Dieu, qu'il détenait un pouvoir de droit divin. Pour montrer qu'il tenait son pouvoir de quelque chose de supérieur à la réflexion humaine il avait besoin de recourir à des manifestations quasi ésotériques du catholicisme. Le Nôtre met ainsi régulièrement à Versailles des signes de Sainte Trinité, grâce à des triangulations dans les jardins. À Versailles il invente un triangle majeur : le parterre de Latone. Le bassin de Latone est pointé vers le château, et il a deux bases, qui sont deux autres bassins circulaires. Pour faire ce travail Le Nôtre a baissé l'endroit où la fontaine se trouve sur le terrain de Louis XIII.

À cette dimension royale, s'ajoute dans le travail de Le Nôtre une dimension spatiale : il travaille sur de très grands espaces, il a envie de pousser l'individu à aller plus loin et pour cela il agrandit tout ce qui se développe dans le lointain pour en rapprocher la perception.

Quand, de la galerie des glaces, on regarde le jardin on ne voit pas Latone ; quand on descend dans le jardin, on traverse le parterre d'eau et on découvre la tête de Latone seulement une quinzaine de mètres avant les marches, vraiment à la dernière seconde. Si on reste là on découvre le parterre, puis la grande surface verte du tapis vert qui descend, dont la longueur est dix fois plus importante que celle de Latone et enfin le grand canal qui lui est sur une horizontale de planimétrie – l'eau est nécessairement horizontale – mais qui se lit comme presque ascendant, avec une longueur qui est cent fois plus importante que celle du tapis vert. Des marches de Latone on a une partition spatiale de ce dessin en trois : du beige et du vert, du vert, du ciel.

J'ai travaillé dans un bosquet[2] qui est dans un bois, on est entouré de bosquets, on ne sait pas qu'on est à Versailles. J'ai donc eu envie de raconter qu'on était à Versailles. J'ai joué pour cela d'abord sur l'enfance, Saint Simon rapporte que

---

■ 2. C'est le bosquet du théâtre d'eau, voir http : //www.louisbenech.com/jardins/98.

Louis XIV avait demandé à Le Nôtre de mettre de l'enfance ; et il y a dans le parc des signes d'enfants : Louis XIV adorait les enfants. Je me suis aussi demandé comment Le Nôtre avait travaillé, il a beaucoup travaillé avec Le Brun : Le Nôtre a joué dans une cour où il a invité des petits camarades de sa stature à jouer avec lui. J'ai donc demandé de mettre un autre créatif dans mon équipe, en l'occurrence le plasticien Jean-Michel Othoniel. J'ai essayé avec mon trait, avec ma façon de sentir cet espace de remettre les ingrédients qui avaient pu servir à le Nôtre à son acte créatif. Ce qui justifiait ma façon d'agir est que Le Nôtre dans ce bosquet s'est largement inspiré de ce qu'avait fait Palladio, un siècle avant à Vicence, dans son fond de scène de théâtre. Palladio construit des perspectives accélérées, en produisant un extraordinaire trompe-l'œil : on a l'impression que c'est infiniment long alors que c'est la profondeur d'un fond de scène de théâtre. Le Nôtre a excellé dans ces tromperies, et j'ai donc essayé moi aussi de redessiner des choses qui sont troublantes d'un point de vue de lecture spatiale.

Ce bosquet est celui où Louis XIV a donné le moins de fêtes, parce que les niveaux étaient un peu décalés, et ces altimétries différentes faisaient qu'il y avait nécessairement plus d'eau dans la cascade de droite que dans celle de gauche, ce qui devait beaucoup déplaire à Louis XIV, sans qu'il soit possible de régler le problème dû à des différences de pression.

J'ai donc travaillé dans ce bosquet comme je ne le fais jamais : d'habitude je regarde, je me sers de ce qu'il y a, je cache ce que je trouve laid, tout en faisant très attention à ce qu'on voit au loin pour éviter de produire une catastrophe en faisant une ouverture en abattant des arbres. En général j'ai plutôt un regard avec ma paire d'yeux qu'un travail d'intelligence ou d'analyse intellectuelle.

C. P. : *Quelle est pour vous la part conceptuelle de votre travail ? et la part sensible ?*
L. B. : Pour moi, mon travail est avant tout sensible, et se rattache à ce que j'appelle du contexte. Maintenant, quand je pense à Versailles, le contexte c'est Versailles, et le contexte est donc éminemment conceptuel. Je me suis dit que puisqu'il y avait de la mythologie, il fallait que je remette une mythologie et je me suis dit que j'allais faire tourner la mythologie autour de ce demi-dieu qu'est Louis XIV. Le public qui vient à Versailles est très varié, il y a des gens qui confondent Marie Antoinette et Anne d'Autriche, et beaucoup de gens qui ne connaissent pas la mythologie, qui ne savent pas qui est Latone, et qui en ignorant qu'elle est la mère d'Apollon ne comprennent pas pourquoi elle est là. Je me suis dit que j'allais faire tourner quelque chose autour des dieux de cette histoire, qui ont été les acteurs au moment de sa création avec le monarque en tête et puis ses satellites, dont évidemment Le Nôtre. Le Nôtre était capable de jouer sur le sens des lieux. Il a fait à Vaux-le-Vicomte un travail qui est pour moi absolument extraordinaire en s'adaptant au lieu. Il s'agit bien sûr d'un jardin à la française, qui comporte nécessairement une part de rigidité, mais les jardins que nous voyons aujourd'hui ont été réécrits à la fin du XIXe siècle par les possesseurs du château avec l'aide des Duchêne. Ils ont introduit dans leurs propres jardins un sens strict de la symétrie, alors que si on regarde les plans de Le Nôtre il y a beaucoup d'équilibre et peu de symétrie. Le Nôtre s'adapte à un lieu avec intelligence et cohérence, il n'y a rien de gratuit. Au contraire, dans la symétrie il y a très souvent du gratuit absolu : la symétrie existe beaucoup plus en architecture que dans un jardin. Et lorsqu'on a refait des jardins de Le Nôtre,

ou quand on a prétendu s'inspirer de son travail, on l'a vraiment appauvri à mes yeux, on lui a donné une dimension beaucoup plus ordinaire que la façon dont il s'est adapté à des conditions de base.

À Vaux-le-Vicomte ce qui est incroyable c'est que la statue d'Hercule Farnèse est à la même hauteur que l'œil quand on passe la grille vers le château plus bas. On a alors ses pieds à la hauteur de l'Hercule. On voit le socle de la statue comme si on était dans un plan. On traverse le château, et là on a l'impression que le jardin monte alors qu'il ne fait que descendre jusqu'à La Poêle canalisée. Là aussi les distances sont complètement raccourcies parce que la taille des bassins va en s'amplifiant jusqu'au dernier bassin carré, juste avant la cassure de La Poêle, mais ce bassin carré s'enquille parfaitement dans ce qui est de l'autre côté de La Poêle, la base des grottes qui forment le socle de l'Hercule. Il y a une forme de port qui est juste un U dans le cours de La Poêle, suffisamment grand pour que, du clocheton du château, on ait l'impression que les deux bassins sont au même niveau et forment un seul bassin. Il n'y a rien que du calcul qui donne l'impression qu'on lit d'une façon perspective un grand carré d'eau alors qu'il y a quinze mètres de dénivelé entre l'eau de La Poêle et celle du bassin carré. Et ce qui est également incroyable est la perspective qu'on voit quand on se retourne vers le château après avoir été voir Hercule. Si on va alors au pied du bassin carré, qui termine le niveau « rive droite », on voit le reflet du château qui s'inscrit à la perfection dans le bassin. On ne voit que le château, sans les communs, sans la moindre trace de vert puisqu'on ne voit que les murs des terrasses devant lesquelles on n'a pas planté. Il n'y a donc plus de jardin : tous les jardins sont plus hauts que l'œil, on voit seulement un château et les trois étages des murs des terrasses.

Le Nôtre a fait ici un travail d'autant plus extraordinaire qu'il n'a pu recourir à aucun essai préalable. Quand je fais des essais de tricherie, je mets des piquets et je vais à droite et à gauche pour vérifier ce que ça va donner, mais Le Nôtre a fait des niveaux que l'on ne peut pas réussir à mettre en maquette. Il a réussi à déterminer la taille exacte que devait avoir une surface d'eau pour qu'elle puisse refléter l'intégralité du château sans ses à-côtés. Il a recouru à un calcul de géométrie appliquée, en ayant l'intelligence de savoir quelle trigonométrie appliquer. Ce sont des moyens de calcul que nous avons oubliés aujourd'hui.

C. P. : *Quand vous travaillez sur un paysage, comment prenez-vous en compte la temporalité ? Un paysage n'est pas statique, les arbres vont grandir, les plantes vont pousser : est-ce que pour vous un paysage est ce qu'il faut en permanence remanier ou retailler ? Comment en tenez-vous compte dans votre conception ?*

L. B. : J'en tiens compte en ne me posant plus la question. Si je veux obtenir quelque chose de statique, ce dont je peux avoir envie : je taille des haies et je laisse des instructions : il faudra toujours tailler à 1,20 m du sol, je sais alors que ça ne bougera pas. Par contre pour tout ce qui a la liberté de s'exprimer, j'ai une vraie humilité d'expérience et des choses. J'ai pensé que ce que je plante pourra doubler, tripler voire quadrupler en taille, mais avec liberté. Je sais que je ne suis absolument pas maître de ce qui va se passer. Je perds la maîtrise.

C. P. : *Vous arrivez à imaginer, ou pas du tout ?*

L. B. : J'arrive très bien à imaginer, mais je sais que j'imagine quelque chose qui sera faux, et je déteste la représentation graphique d'une projection. Je ne suis pas omniscient, j'ignore par exemple si la tempête de 1999 ne va pas revenir… Et de toute façon je ne maîtrise pas la façon dont les choses vont pousser. Il m'est arrivé souvent de planter deux arbres pour caler un axe : je les plante à 10 mètres l'un de l'autre, le même jour, dans un sol équivalent, ils viennent tous les deux d'une greffe ou d'une bouture, et il n'y a donc pas entre eux de différence génétique, et il y en aura un qui sera plus grand que l'autre.

Ce qui est merveilleux dans la nature c'est qu'on n'est pas maître. Mon travail bien sûr n'est pas un travail de nature, mais c'est un travail où je dois prendre en compte les façons d'agir ou d'être de la nature. On est dans l'artifice quand on fait un jardin, mais on n'est pas maître de son artifice ; je projette, mais je peux totalement me tromper : j'ai déjà constaté, d'expérience, parce que j'ai presque quarante ans de métier maintenant, que la chose qui n'était pas taillée, la chose qui était libre, évoluait souvent d'une façon qui ne correspondait absolument pas à ce que j'avais projeté, mais que très souvent on est plus heureusement surpris par ce résultat que parce qu'on avait projeté : la fantaisie de l'aléa est positive.

Je ne me suis donc jamais arraché les cheveux devant ces évolutions qui ne correspondaient pas à mes prévisions. Je m'arrache quelquefois les cheveux, quand je laisse consciemment et sciemment un propriétaire réintervenir sur son bébé. Bien sûr, ça veut dire qu'il l'aime et qu'il le prend en main, toutes choses qui n'ont pas de prix. Mais, même si d'une certaine façon ils me déresponsabilisent, les seuls actes qui m'ont fait un peu grincer des dents sont des actes humains. Le reste relève d'une temporalité qui est de toute façon impossible à maîtriser. Cela me donne aussi une façon de regarder les choses en attendant la surprise, ce que je trouve très plaisant.

Je sais aussi par expérience personnelle qu'on peut essayer de gérer à l'extrême des choses et ne pas du tout obtenir ce qu'on avait pourtant tout fait pour obtenir. Très récemment, dans un jardin en Italie, j'ai voulu renforcer l'impression que donnait une perspective accélérée dans sa position spatiale et géographique. Pour cela, j'ai décidé de planter des arbres dont les distances sont assez proches les unes des autres, en travaillant sur les couleurs pour jouer sur l'accélération. J'avais des arbres foncés et des arbres clairs ; j'ai planté des arbres plus foncés au fond et diminué progressivement pour arriver jusqu'aux arbres les plus clairs ; j'ai donc joué sur les proportions en mettant au début cinq arbres foncés puis un clair, puis quatre foncés et deux clairs etc. pour arriver à la fin un foncé et cinq clairs. Je n'étais pas là au moment où les arbres ont été plantés, et le résultat est cacophonique. Je ne sais pas ce qui s'est passé : ou bien le pépiniériste ne m'a pas envoyé les bons arbres, ou bien les planteurs n'ont pas fait exactement ce que je voulais. Dans ce jardin, cela représentait 80 arbres, en l'occurrence des hêtres, qui sont des arbres difficiles à transplanter. Je n'ai pas voulu prendre le risque de déplanter. Les planteurs avaient retiré les étiquettes des arbres, il aurait fallu tout réétiqueter au printemps pour pouvoir requalifier les arbres jaunes – la couleur jaune des arbres s'estompe tout au long de la saison et mon allée redevenait sage dès la fin du mois de juillet. J'avais donc rêvé d'un effet que je ne verrai jamais et qui de toute façon n'aurait existé que par jours gris une partie de l'année. Je pense qu'il s'agit d'une erreur humaine, mais j'ai très souvent affaire à des erreurs humaines devant lesquelles je baisse les bras. Un des assistants de mon équipe m'a apporté l'autre jour deux plantes en soutenant qu'il s'agissait de jasmins azoricum, parce que c'était marqué sur l'étiquette, et il a fallu que je le fasse réfléchir pour lui faire reconnaître qu'il s'agissait de solanum ! Cette substitution-là pouvait fonctionner, mais il y a des cas où ça ne peut pas fonctionner.

C. P. : *Qu'est-ce que vous faites par rapport aux maladies des plantes, je pense par exemple au buis ?*
L. B. : Je suis extrêmement tranquille. Je ne laisse pas les buis mourir, quand je travaille dans un jardin où il y a des buis, je traite et mets des pièges à pyrale, mais je n'en plante pas.

Un jardin donne toujours beaucoup de travail, et je trouve absolument inconscient de s'en rajouter sous prétexte qu'on aime je ne sais quelle plante. J'ai dit aux jardiniers de Vaux-le-Vicomte, il y a à peu près dix ans, qu'ils devaient changer, qu'il fallait qu'ils trouvent une autre aventure pour leurs broderies. La pyrale commençait à peine à apparaître, mais on avait plein de problèmes fongiques sur les buis et à Vaux ils passaient leur temps à changer les buis. Le sol de Vaux est très calcaire et comme c'est sur du gravier, cela fait 40 ans qu'on désherbe non plus manuellement mais chimiquement. Le sol ne ressemble plus à rien, et ça ne fait qu'aller en déclinant. Et je pense que de toute façon on ne pourra refaire de broderies que lorsqu'on aura trouvé un bon robot pour les tailler, c'est un travail épuisant. Les jardiniers de Vaux au début de la pyrale, ont proposé de replanter les buis en Ilex crenata, un houx japonais qui n'aime que les sols acides. S'ils veulent replanter des buis, il leur faut changer le sol, mais qui a les moyens de changer le sol ?

J'ai essayé de leur expliquer que Le Nôtre se moquait bien des broderies. D'après Saint-Simon, Le Nôtre aurait dit que les broderies n'avaient « d'intérêt que pour les bonnes d'enfants : elles pouvaient réussir à voir où étaient les enfants qu'elles surveillaient, même quand ils rentraient dans les broderies ». Les broderies ont été à un moment une expression stylistique, mais on peut très bien les remplacer par autre chose et j'ai conseillé aux jardiniers de Vaux de demander à un artiste de faire quelque chose de fixe, qui ne soit pas à entretenir : leur terre est en piteux état, ils peuvent donc la laisser en jachère.

Ils ont eu le projet de mettre des rubans de miroir en aluminium, mais ce sur haut n'a pas d'intérêt à Vaux, les parterres y sont déjà décaissés, ils sont en boulingrin[3] : toutes les broderies sont au même niveau que l'allée. De plus, la broderie que le projet réédite est une broderie qui a été inventée par les Duchêne[4], ce qu'ils savent parfaitement : ce sont de ravissants dessins, il a peut-être fait trois esquisses, mais ce n'est pas ça qui l'intéressait. La broderie au XVIIᵉ siècle, c'est notre copier-coller d'ordinateur : si on regarde par exemple le plan de Turgot de Paris, 80 % des broderies qui y figurent sont les mêmes parce que le graveur a remis la même plaque dans chacun des hôtels particuliers. Les broderies ne cherchent pas à être originales : elles ne sont pas signées – par différence par exemple avec le travail d'un ébéniste

---

■ 3. Dans les jardins à la française, on appelle boulingrins des parterres de gazon entourés de bordures.
■ 4. Depuis, l'œuvre de Patrick Hourcade a été réalisée en substitution de ces broderies.

qui cherche à se singulariser et dont les meubles peuvent être signés. Les broderies sont dans l'histoire une façon graphique d'exprimer une idée ; elles disparaissent sous Louis XV parce que les pièces de réception passent du premier étage au rez-de-chaussée. À Versailles ou à Maisons-Laffitte, il ne se passe rien d'important au rez-de-chaussée, même aux Tuileries les pièces de réception étaient en haut au premier : on peut alors lire les broderies comme une expression graphique ; au contraire quand on est un piéton une broderie est juste un cumul de vert, sans qu'on puisse y lire une forme. Là aussi il y a eu une adaptation dans l'histoire, indépendamment du fait que les broderies étaient chronophages en matière d'entretien, et qu'on n'avait pas envie de voir des jardiniers accroupis pendant des semaines sur des hectares. Ces évolutions sont logiques, alors que malheureusement pour bien des gens les broderies sont pensées comme cruciales, et ils continuent à les attribuer à Le Nôtre. À Courances, les broderies se voient encore bien parce que la vie de la maison est au premier étage : les habitants y profitent donc des deux premiers parterres de broderies quand ils sont dans la maison ; cela dit ils ont là aussi des problèmes d'entretien en raison de cette fichue pyrale.

Dans ces châteaux, on réussit à avoir encore des allées propres grâce au flot de piétons qui désherbent en passant ; cela fonctionne bien à Versailles ou aux Tuileries, mal à Courances où le propriétaire a supprimé le sable par des circulations en gazon, comme en Angleterre cela reste compliqué : ils ont des topiaires posées sur les allées et il y a donc dix fois moins de passage entre la topiaire et l'herbe que dans l'axe central ; l'axe central reste impeccable grâce aux passants, en revanche latéralement ils sont obligés de passer du désherbant.

C. P. : *Si nous en revenons au paysage en général, je voudrais vous demander quel rapport vous posez entre ce que vous trouvez et ce que vous faites ? Est-ce que le paysage est une donnée que vous prenez en compte et que vous mettez en valeur ? Ou est-ce que le paysage est le résultat de votre travail ? Ou si l'on préfère : qu'est-ce qui est naturel et qu'est-ce qui est humain dans un paysage ? Qu'est-ce qui est naturel, qu'est-ce qui est artificiel, comment passez-vous de l'un à l'autre ?*
L. B. : Je suis un grand chantre de l'artificiel, j'adore copier la nature mais je sais que c'est de la pâle copie et dans mes copies de la nature je ne mets pas forcément ce qui y figurerait naturellement.

Il y a des endroits où je suis assez cohérent : j'utilise dans un lieu les végétaux qui poussent à cet endroit. Mais je ne le fais pas du tout systématiquement. Quand je refais une prairie en Europe, il y a des endroits où pour des questions d'entretien, de qualités de sol etc. je vais directement au copier-coller naturel en ressemant exactement ce qu'il y avait à cet endroit, mais j'aime aussi beaucoup ressemer et replanter dans les prairies des choses qui ne sont pas d'ici ; j'obtiens ainsi un effet visuel plus long.

J'ai travaillé en Nouvelle-Zélande[5] : dans le jardin que j'ai conçu là-bas je ne me suis pratiquement servi que de plantes néo-zélandaises. Et cela, non en raison d'un discours normé prescrivant qu'il ne faut utiliser que des plantes indigènes, mais en raison de l'enthousiasme que j'y ai ressenti : la flore y est absolument démente, et j'étais ravi de me servir de choses que je n'avais jamais pratiquées

■ 5. Voir ici : http : //www.louisbenech.com/jardins/103

ailleurs. Aujourd'hui cette flore est largement internationalisée, parce qu'elle a plein de qualités et, dès qu'il fait un peu doux, on peut en mettre en Europe des fleurs néo-zélandaises : les jardins en Bretagne sont pleins d'Olearia, d'Hèbè, de Phormium, de Cordyline. Et puis surtout, en Nouvelle-Zélande, quand on se promène de loin on a l'impression de paysages qui sont les nôtres, les géographies sont de la même échelle. À l'endroit où j'ai travaillé, on a l'impression d'être en Cornouailles, ou sur le golfe du Morbihan, dans des paysages familiers. Il n'y a pas de grands paysages comme en Australie ou dans l'Arizona, avec des échelles qui sont autres que celles qu'on connaît en Europe. Il y a une zone de montagne qu'ils appellent les Alpes et objectivement quand on s'y promène, on peut croire être dans les Alpes, en voyant la façon dont les montagnes sont dessinées, en regardant des fjords qui ressemblent comme deux gouttes d'eau à ceux de Norvège. Mais dès qu'on fait un pas de plus, on s'aperçoit que le hêtre au pied des Alpes néo-zélandaises n'est pas un hêtre mais un Nothofagus, un hêtre de l'hémisphère sud qui a un port à peu près similaire à nos hêtres, mais dont la feuille est beaucoup plus petite et ne fait donc pas la même ombre au sol. Les bruyères ne sont pas des bruyères mais ce qu'ils appellent des manukas. Avec ces images équivalentes mais différentes, on retrouve à l'autre bout du monde une perception globale qui nous est familière. Quand je travaille sur un jardin en France, je peux vouloir que l'exotique n'apparaisse pas comme tel, ou au contraire qu'on puisse le lire : je mets alors des araucarias qui sont chiliens. Pour moi un cèdre est exotique, je sais bien que cet arbre aujourd'hui est familier en Europe, mais quand je suis en voiture et que je vois une tête de cèdre dépasser d'un bosquet, je me dis qu'il y a un château pas loin, qu'on a ici un acte d'artifice humain qui est exotique pour moi. Quand je suis dans un lieu qui a un paysage donné je n'ai pas envie de me faire remarquer et une de mes façons de travailler, est de penser que les gens qui passeront par-là dans deux mois ou dans dix ans, se diront que ça a toujours été comme ça. J'aime qu'un jardin ait une respiration qui soit juste par rapport à la maison, par rapport à sa grandeur ou par rapport à son époque. Mais je n'irai pas jusqu'à faire un faux jardin Renaissance devant une maison Renaissance ; je sais que l'histoire des jardins est passée par là : il n'est pas bien grave de se retrouver avec un parc du XIXᵉ autour d'une maison Renaissance. Chaumont-sur-Loire est un parc XIXᵉ et je respecte le XIXᵉ siècle ; mais quand on m'a demandé de restaurer le parc, j'ai fait des extensions d'usage de parc sur le pré du Goualoup.

C. P. : *Vous avez souvent travaillé en milieu urbain : est-ce que cela vous a posé des problèmes spécifiques ? Comment situer le travail à la campagne et en milieu urbain l'un par rapport à l'autre ?*

L. B. : C'est une vraie différence, mais pour moi c'est un paramètre différent. En ville, on a des sols sur-tassés, moins de lumière si on a des ombres portées par des bâtiments hauts : tout cela ne me gêne pas, ce qui m'intéresse est que mon jardin soit heureux. En conséquence je n'aime pas du tout qu'on plante en ville (à Paris ou à Marseille) des rhododendrons qui sont des plantes de basse montagne : je suis ravi quand je peux en planter en Bretagne. En ville je choisis des plantes qui ont besoin de moins de lumière et adaptées à ces conditions urbaines. La vocation d'un jardin en ville est d'être une trêve dans la vie des gens, une trêve qui passe par l'œil, indépendamment du fait de promener son enfant dans un lieu où il y a des oiseaux et peut-être un peu moins de bruit. C'est une coupure par rapport à un quotidien qui va trop vite, je suis content qu'il y ait des saisons et des lenteurs, et ce plaisir là je l'ai autant à la campagne qu'en ville mais, pour être franc, j'aime mieux les spatialités qui sont offertes en milieu rural qu'en milieu urbain.

En ville je fais très souvent de tout petits jardins, mais pour moi la réflexion est du même ordre que pour un grand jardin, les exigences de qualité et les tics professionnels du regard sont les mêmes : d'un point de vue analytique ça passe par l'arbitraire de ce que je juge beau et de ce que je juge laid. Je mets en avant ce qui est beau dans l'existant et j'essaie de me protéger ou de reculer par rapport à ce que j'estime laid.

C. P. : *Est-ce que vous continuez à vous intéresser à des jardins conçus il y a longtemps ? Et comment vous occupez-vous de leur entretien ? Donnez-vous des règles d'entretien ? Ou allez-vous entretenir vous-même ?*
L. B. : Il y a des endroits où, ce qui est dû à mon âge et à mon essoufflement, je baisse les bras, mais le plus souvent je reste en contact avec les propriétaires et je continue à aller dans des jardins que j'ai commencé à planter il y a quarante ans. Retourner dans ces jardins dont je suis extrêmement familier me donne non une autosatisfaction, mais un auto-enseignement : j'ai appris beaucoup de mes propres « enfants », en voyant comment ils se comportaient, en comprenant que ce qu'on projette est loin d'être exact, sauf s'il s'agit de topiaires. Une prairie évolue si on ne l'entretient pas, et j'applique aujourd'hui dans des jardins des choses que je n'aurais pas appliquées il y a trente ans ; je fais des jardins en surveillant ce qui est à soustraire. Si par exemple j'ai envie de garder vides des endroits qui se transformeraient spontanément en forêt, je garde une strate arbustive et non arborée. Maintenir dans un lieu un ensemble arbustif empêchera la levée d'une graine d'arbre qui arrive avec l'oiseau, avec l'inondation. Je donne donc des conseils pour l'entretien.

C. P. : *Est-ce que vous pourriez nous donner un exemple d'un travail qui vous a particulièrement intéressé ? D'un endroit où vous avez aimé travailler, et pour quelles raisons ?*
L. B. : Je vais donner deux exemples d'endroits où j'ai beaucoup aimé travailler et où je me suis donné beaucoup de mal, dans le premier cas ça s'est mal terminé, dans le second au contraire c'est un endroit où je continue à travailler avec beaucoup de plaisir. Dans tous les cas ce sont des chantiers où j'ai le temps, où je peux me donner le temps.
Je me suis donné un mal de chien dans un jardin où ça s'est mal terminé à Spetses (une île en Grèce). Dès la fin du printemps je parcourais toutes les routes aux environs d'Athènes, je récoltais des graines, j'ai ressemé ce que je trouvais dans un rayon d'une centaine de kilomètres autour de la maison. J'ai fait aussi intervenir un peu d'exotisme tout relatif en récupérant des graines en Slovaquie.
J'y ai travaillé pendant trois ans avec passion et j'ai rencontré plusieurs difficultés.
La première difficulté a été l'eau : dans 80 % des îles en Grèce il n'y a pas d'eau : on l'amène du continent, ou on possède une station de dessalinisation qui rejette dans la mer les résidus de sel. Je ne voulais pas modifier l'écosystème en rejetant le sel dans la mer, j'ai donc choisi de faire un jardin où on arroserait uniquement

le potager, et la propriétaire a trouvé que ça ne poussait pas assez vite et qu'il n'y avait pas assez de fleurs en été. La propriétaire a donc voulu mettre de l'arrosage automatique dans la prairie. Je lui ai expliqué qu'il n'y aurait plus alors de coquelicots au printemps : le coquelicot ne survit pas dans un milieu qui se ferme d'un point de vue terreux, il n'y en pas dans les prairies, il y en a dans les champs de blé parce que ça a été retourné, et dans les endroits pauvres et caillouteux ; ce sont des annuelles dites messicoles. Ensuite, j'aurais aimé pouvoir mettre des vignes entretenues par un agriculteur d'à côté qui aurait été ravi de récolter les raisins : les vignes sont géniales en milieu chaud et sec parce que même sans eau la feuille reste verte mais la propriétaire n'en voulait pas parce que le raisin risque d'attirer les guêpes. Et enfin j'avais planté des iris Germanica noirs magnifiques, des hybrides américains qui remontent, qui refleurissent une seconde fois, et qui marchent extrêmement bien en milieu sec, qu'elle a détestés et a fait arracher.

Et voici un autre exemple d'un chantier passionnant et où je continue à travailler avec beaucoup de plaisir. J'adore travailler en ce moment dans le nord du Var, à côté d'Aups. Les propriétaires sont jeunes, ils sont arrivés comme des clients et sont devenus des amis. Je n'ai pas du tout avec eux une relation professionnelle. Je m'amuse beaucoup chez eux, ce sont des gens fantaisistes et qui peuvent se donner les moyens d'entretiens futurs.

J'ai fait chez eux un labyrinthe, ce que je n'avais jamais fait ; je pense que les labyrinthes n'ont plus de sens historique : leur caractère mythique ne fonctionne plus pour nous aujourd'hui, aucun enfant n'a envie de jouer à s'y perdre. Un labyrinthe n'a actuellement de sens que si on regarde le dessin d'en haut, or dans cette propriété il y a une terrasse de château qui domine le paysage : j'ai refait là un labyrinthe très large, facile à entretenir parce qu'on peut y circuler avec des engins mécaniques. C'est un labyrinthe bicolore avec des ifs de deux couleurs, dont la forme a une rotation interne, au lieu des traditionnels couloirs parallèles, plus on se rapproche du centre plus ça tourne. Le résultat est déjà pas mal aujourd'hui alors que c'est encore tout petit.

Je suis en train de faire un potager dans une axialité d'accès et qui va se terminer par une espèce de grosse ziggourat, de tour de Babel en Pyracantha qui sont ces plantes qui ont des fruits ou orange ou jaune qui durent tout l'hiver. Et puis j'ai mis aussi quelques plantes intéressantes.

Je fais des topiaires, qui seront des formes humaines avec un chapeau à la sévillane genre hennin, qui vont former une marche de pèlerin partant vers un bois. J'utilise chez eux des idées qui appartiennent à un vocabulaire de jardin mais qui seront un clin d'œil à l'histoire du jardin.

Je vais faire un second labyrinthe, en pierre cette fois, qui amènera visuellement au potager, qui s'inscrit très bien dans un endroit qui descend vers la zone plane où se trouve le potager. L'inspiration est venue des photos des îles Aran où les herbages sont clos et où les cumuls de murets donnent un effet qui nous séduisait tous deux. J'ai encore plein de projets chez eux. C'est passionnant de travailler à l'échelle de grands paysages. À l'ouest il y a une colline qui n'est pas très haute : j'aimerais y planter des cèdres de l'Atlas d'un bleu vraiment exotique – et il faudrait en planter 170, plus qu'il n'en faut, pour ne pas avoir à les arroser parce que l'endroit est inatteignable – : cela va permettre de rehausser cette colline avec quelque chose de vraiment artificiel et de lisible. On arrivera ainsi à modifier un peu la lecture géographique et leur teinte sera adoucie par le contre-jour. De l'autre côté les collines sont beaucoup plus hautes, et je voudrais qu'on y défriche les pins pour rabaisser le niveau d'horizon, de façon progressive pour que ce soit doux.

Propos recueillis par Barbara de Negroni[6]

■ 6. Cet entretien a été réalisé le 6 février 2019.

ABSTRACTS

Le paysage

THE GRAND TOUR LANDSCAPE. FROM THE PICTURESQUE TO THE SUBLIME
Henri Commetti

The « Grand Tour » which captures the ideal of educated man for the British aristocracy opens up on a worldwide geography. But an analysis of the aesthetic education which underlies it rather reveals something else : not the discovery of the outside world, but the care for a life of the mind fostered by inner images. The Grand Tour « landscape » therefore offers a new opportunity to reexamine the uncertainties which surround the notion, even where it would seem obvious.

LANDSCAPE TRANSGRESSION
Justine Balibar

Western landscape aesthetics was built upon the opposition between representation and reality : on the one hand the landscape that we scan with our eyes and bodies in physical space, on the other hand the landscape represented in images of all kinds. Such duality is traditionally interpreted as a hierarchy : the represented landscape allegedly constitutes the origin and model of the experience of real landscapes. But there are other ways of understanding it : indeed one of the possible forms of experiencing a landscape consists in going back and forth from the real to the represented landscape and vice versa. Such a movement raises the problem of the ontological difference between the real world and the world of representation, and can therefore be defined as a kind of transgression.

MANET, SAILOR, MARINE ARTIST
Stéphane Guégan

Marine art makes up nearly one tenth of Edouard Manet's whole painted work, and one that has been unequaled – going from seeming hedonism to political views. In that genre, which was then very profitable, the painter explored and redefined all its elements without overlooking the market expectations and the contemporary history calls. The moment of their realization coincides with the rise of seaside resorts leisure, the upgrading of France's main harbours and the crisis of postromantic culture. The work of Manet, a former sailor converted to painting, is inscribed at the centre of forces that carried the century and its art towards the happy or ironic desublimation of one of the greatest sources of Western imaginary.

LANDSCAPE TIME : REPRESENTING NATURE IN POUSSIN'S WORK
Barbara de Negroni

Poussin used the landscape genre with great subtlety, by playing with all the possibilities it offered. He was thus very successful in telling stories : narrative elements are translated by landscape elements – paths, monuments, more or less peaceful skies, trees of various kinds – even men appear as parts of nature, whose behaviour and actions also obey natural laws. The landscape then becomes an extraordinary plastic means in which the viewer has the opportunity to decipher patiently what then becomes a powerful sensory experience, with the pleasure of composition, colours and light.

MIRRORING LA METTRIE
Blanca Missé

La Mettrie's materialism was for a long time reduced to an inverted Cartesianism. But after one generation of critiques who rethought the relation between Marx, materialism and Spinoza, and following Francine Markovits' reading, one may reinscribe La Mettrie within the tradition of critical materialism. Here it is organised around the metaphor of philosophy as a mirror, carrying through a criticism of the subject position in the natural history of sight and seeing. Materialistic philosophy is redefined by its tendency to produce a mirror-effect, i.e. to produce a surface-text of critical reflection and refraction of other kinds of speech (morals, theology, politics). It is also the place where construction and deconstruction of the self or subject is undertaken, and where the form or aesthetics of philosophical discourse itself may be explored.

THE APTUS-PRAESTANTIA PAIR IN SPINOZA'S ETHICS
Vincent Legeay

The present paper intends to show that the notions of aptus and praestantia, in Spinoza's Ethics, Part II, scholia of proposition 13, make a noteworthy pair, partly taken from Hobbes. After analysing the extent of that repeat, from the English philosopher's work to the Spinozist vocabulary, it is argued that aptitude cannot be understood as an approximation of optimal power (as it used to be construed), but rather as an epistemological position in favor of external and constraining causes made by circumstances, which in turn could be understood as a kind of complexity in the contemporary sense.

POUSSIN COMPOSING LANDSCAPES : ACADEMISM AND CLASSICISM
by Pierre Francastel

Pierre Francastel's text here published, was originally a paper given during a symposium devoted to Nicolas Poussin, which took place in Paris on 19th-21st September 1958. All papers were included in a volume published by the Éditions du CNRS (Paris, 1960). In that paper, Francastel offers an interpretation of the way Poussin's work evolved, and shows the deep invention in his painting.

LANDSCAPE ARCHITECT
Interview with Louis Benech

Louis Benech was educated as a landscape architect by first working as a gardener, and he still retains a passion for everything to do with botanics, gardening and garden-culture. Now a landscape architect internationally acclaimed, he considers that gardening is the most beautiful activity in the world, and this passion for his activity sheds a major light to what a landscape actually is : pertaining both to nature and to human work, it can be defined by its geographic features as well as by all the historical adventures it may have undergone.

ABSTRACTS

■

FICHE DOCUMENTAIRE

2ᵉ TRIMESTRE 2019, N° 157, 126 PAGES

Le dossier du numéro 157 des *Cahiers philosophiques* est consacré au paysage et aux débats concernant sa définition et sa conception.

En lien avec les dossier, « Les Introuvables des Cahiers » publient un texte de Pierre Francastel traitant des « paysages composés chez Poussin ». La rubrique « Situations » propose un entretien avec le paysagiste Louis Benech au sujet de son métier.

Dans la rubrique « Études », on lira un article consacré à La Mettrie et un autre à Spinoza.

Mots clés

Paysage ; esthétique ; pittoresque ; peinture ; imagination ; représentation ; nature ; réel ; sublime ; classicisme ; romantisme ; Grand Tour ; marine ; matérialisme ; sujet ; vision ; Nicolas Poussin ; Baruch Spinoza ; Thomas Hobbes ; Julien de La Mettrie ; Denis Diderot ; Johann Wolfgang von Goethe ; Édouard Manet ; Pierre Francastel.

Textes clés d'esthétique de l'environnement
Hicham-Stéphane Afeissa et Yann Lafolie (éd.)

De formation relativement récente, l'esthétique de l'environnement a émergé dans le champ philosophique anglo-saxon au croisement de l'esthétique analytique et de l'éthique environnementale. En rupture avec la domination sans partage du modèle de l'esthétique des œuvres d'art, elle a entrepris de mettre au centre de son attention les environnements naturels, en entendant par là non seulement les entités individuelles qui peuvent s'y trouver, mais aussi des ensembles plus vastes tels que des paysages ou des écosystèmes, en s'efforçant de déterminer à chaque fois l'objet propre et les modalités de l'appréciation esthétique. Elle s'est également efforcée de poser la question de savoir sous quelles conditions il est possible de nouer un lien entre l'appréciation esthétique de la nature et la détermination des devoirs qui nous incombent à son égard.
Avec des textes de A. Berleant, E. Brady, A. Carlson, N. Carroll, S. Godlovitch, R. Hepburn, N. Hettinger, H. Rolston, Y. Saito.

Vrin - Textes clés
368 p. - 11 x 18 cm
ISBN 978-2-7116-2633-5 - nov. 2015

Considérations sur l'idée de nature
François Dagognet

Le mot de « nature » recouvre tellement de sens qu'il finit généralement par inclure le même et son contraire. De plus, chaque siècle l'a transformé et surchargé de problèmes spécifiques ou de fonctions nouvelles, ce qui ajoute à l'indéfinissable. Nous tenterons de démêler cet écheveau tant notionnel qu'historique. Le philosophe doit d'autant plus s'attacher à ce thème carrefour qu'il se situe à la rencontre de nombreuses disciplines : la théologie, la morale, la science, le droit, l'art. Nous en appellerons d'ailleurs à toutes. Il va de soi que nous ne pouvons pas, aujourd'hui, ne pas aborder les problèmes de l'écologie et de l'environnement, parce que le monde moderne (industrialisé) se réclame d'une nature à préserver, afin de nous sauver de la pollution et même de l'asphyxie. Ce livre propose donc un point de vue sur l'idée de nature, à la fois panoramique et critique.

Vrin - Pour demain
192 p. - 13,5 x 21,5 cm
ISBN 978-2-7116-1035-8 - oct. 1990

Cahiers Philosophiques

BULLETIN D'ABONNEMENT

Par courrier : complétez et retournez le bulletin d'abonnement ci-dessous à :
Librairie Philosophique J. Vrin - 6 place de la Sorbonne, 75005 Paris, France
Par mail : scannez et retournez le bulletin d'abonnement ci-dessous à : fmendes@vrin.fr
Pour commander au numéro : www.vrin.fr ou contact@vrin.fr

RÈGLEMENT

❑ France
❑ Étranger

❑ Par chèque bancaire :
à joindre à la commande à l'ordre de
Librairie Philosophique J. Vrin

❑ Par virement sur le compte :
BIC : PSSTFRPPPAR
IBAN : FR28 2004 1000 0100 1963 0T02 028

❑ Par carte visa :

_ _ _ _   _ _ _ _   _ _ _ _   _ _ _ _

expire le : _ _ / _ _

CVC (3 chiffres au verso) : _ _ _

Date :

Signature :

ADRESSE DE LIVRAISON

Nom
Prénom
Institution
Adresse

Ville
Code postal
Pays
Email

ADRESSE DE FACTURATION

Nom
Prénom
Institution
Adresse
Code postal
Pays

ABONNEMENT - 4 numéros par an

Titre	Tarif France	Tarif étranger	Quantité	Total
Abonnement 1 an - Particulier	42,00 €	60,00 €		
Abonnement 1 an - Institution	48,00 €	70,00 €		
			TOTAL À PAYER :	

Tarifs valables jusqu'au 31/12/2019

* Les tarifs ne comprennent pas les droits de douane, les taxes et redevance éventuelles, qui sont à la charge du destinataire à réception de son colis.

Derniers dossiers parus

Mesurer
Numéro 135 – 4ᵉ trim. 2013

Le care : éthique et politique
Numéro 136 – 1ᵉʳ trim. 2014

L'Europe en question
Numéro 137 – 2ᵉ trim. 2014

Franz Fanon
Numéro 138 – 3e trim. 2014

Kant et Kleist
Numéro 139 – 4ᵉ trim. 2014

Diderot polygraphe
Numéro 140 – 1ᵉʳ trim. 2015

La révolution informatique
Numéro 141 – 2ᵉ trim. 2015

Approche sociale de la croyance
Numéro 142 – 3ᵉ trim. 2015

Siegfried Kracauer
Numéro 143 – 4ᵉ trim. 2015

Arthur Danto
Numéro 144 – 1ᵉʳ trim. 2016

Talmud et philosophie
Numéro 145 – 2ᵉ trim. 2016

Varia
Numéro 146 – 3ᵉ trim. 2016

Le travail du juge
Numéro 147 – 4ᵉ trim. 2016

John Stuart Mill
Numéro 148 – 1ᵉʳ trim. 2017

La mémoire
Numéro 149 – 2ᵉ trim. 2017

C. S. Peirce
Numéro 150 – 3ᵉ trim. 2017

Aperçus de la pensée stoïcienne
Numéro 151 – 4ᵉ trim. 2017

Le végétal, savoirs et pratiques (1)
Numéro 152 – 1ᵉʳ trim. 2018

Le végétal, savoirs et pratiques (2)
Numéro 153 – 2ᵉ trim. 2018

T. W. Adorno
Numéro 154 – 3ᵉ trim. 2018

Pensée statistique, pensée probabiliste
Numéro 155 – 4ᵉ trim. 2018

Walter Benjamin critique
Numéro 156 – 1ᵉʳ trim. 2019

Achevé d'imprimer le 27 août 2019
La Manufacture - *Imprimeur* – 52200 Langres – Tél. : (33) 325 845 892
Imprimé en France – N° : 190944 – Dépôt légal : septembre 2019